진실의 암웨이
The Essential Amway

나까지마 가오루 지음

YONGAHN MEDIA

진실의 암웨이

나까지마 가오루(中島 薫) 지음

초판 인쇄 / 1996년 7월 25일
초판 발행 / 1996년 7월 25일
개 정 판 / 2018년 6월 01일

펴낸곳 / 용안 미디어
등록 / 제16 - 837호

(135-081)서울 강남구 역삼1동 696-25영성빌딩 3층
전화 / (010-6363-1110)
팩스 / (02) 6442-7442

* 잘못된 책은 바꿔드립니다.

정가 8,000원

진실의 암웨이
The Essential Amway

나까지마 가오루 지음

YONGAHN MEDIA

서 문
☆

여러분 안녕하십니까. 나까지마 가오루입니다.

제 이름은 몰라도, 암웨이에 대해서 들어본 적이 있는 분은 많을 거라 생각합니다. 저는 암웨이에 종사하고 있습니다.

이미 책을 여러권 펴낸 인기있는 소설가나 유명한 작가와는 달리, 전혀 다른 직업을 갖고 있는 제가, 이런 식으로 자신의 책 속에서 불특정 다수의 사람에게 인사를 드린다는 것이, 어쩐지 이상한 느낌이 듭니다.

본서의 제목을 보고, 의아하게 생각한 분도 있겠지만 요점은 '진실' 이라는 단어입니다.

진실이란 '아무도 부정할 수 없는 사실' 임을 의미합니다. 비슷한 말로 '사실' 이란 단어가 있지만, '사실' 은 진실과는 다른 면이 있습니다.

'사실' 은 이 세상에 하나이지만, '진실' 은 결코 하나가 아니라는 것입니다. 진실은 이 세상사람 수만큼 있다는 것입니다.

예를 들어, 당신이 어떤 나라로 여행을 했다고 합시다. 그 나라에 머무는 동안 좋은 날씨와, 멋진 호텔, 방문한 식당마다 '최고' 의 맛과 서비스, 그리고 만나는 사람마다 친절을 베푸는 좋은 사람들이었다면 어떨까요. 그 나라는 당신에게 '멋진 나라', '좋은 나라', '다시 가고 싶고, 다른 사람 모두에게 권하고 싶은 나라'가 될 것입니다.

그것은 당신에게 있어서, 그 나라에 대한 진실입니다.

그러나 반대로, 당신의 친구가 그 나라에 여행을 한적이 있는데, 그때 운이 나쁘게도 최악의 날씨와 엉망인 숙소, 식사하러 들어간 식당마다 지저분하고 맛 없는 음식, 돌아오는 날 공항에서 짐을 도둑맞는 앙몽같은 여행이었다면 어떨까요. 그 친구에게 그 나라는 '두 번 다시 가고 싶지 않은 나라', '주위 사람들에게 「안가는 게 좋을 거야」라고 충고 하고 싶은 나라'가 되어버릴 것입니다.

이 또한 그 친구에게 있어서는 진실입니다.

그렇기 때문에, 이 책은 '나까지마 가오루에 있어서는' 진실의 암웨이, 또한 진실의 나 자신이 될 것입니다.

그것은 나 나름대로 라기보다는, 나이기 때문에 이야기 할 수 있는 진실이라고 하는 것이 더 나을지도 모르겠습니다.

나에 관한 이야기를 쓸 때, 암웨이를 빼놓을 수는 없습니다. 그래서 이 책에는 내가 일하고 있는 암웨이란 어떤 세계의 어떤 일이며, 그곳에는 어떤 사람들이 있고, 어떤 일들이 생기고 있는지 등에 관해 기록했습니다.

특히 암웨이란, 사람이 없이는 이야기 할 수 없는, 아니 시작되지 않는, 그리고 '사람의, 사람에 의한, 사람을 위한 비즈니스'이기 때문에, 내 주변의 훌륭한 사람, 멋진 사람, 재미있는 사람을 여러명 소개했습니다. 원고를 쓰면서 '이책을 읽는 독자들은 분명 모두가 놀라겠지', '이 이야기에 많은 사람들이 웃음을 띨거야' 라며, 저 스스로도 독자들의 얼굴을 상상하며 설레였습니다. 아마 재미있게 읽을 수 있으리라 생각합니다.

이 책이, 당신의 비즈니스와 삶에 있어, 조금이나마 도움이 된다면, 그처럼 기쁜 일은 없을 것입니다.

　　　　　　　　　　　　　　　　　-나까지마 가오루-

목 차

■

1장. 우연한 만남은 기회의 시작

2장. 궤적(軌跡)이 기적(奇跡)이 된 회사

3 장. 자신이 성장하는 비즈니스

4 장. 당신의 꿈은 우리들의 꿈

5 장. 풍요로운 인생을 살자

1장

☆

우연한 만남은 기회의 시작

기회는 기회라고 표시되어 있지 않다

우리는 매일 여러 사람과 만납니다. '오늘 시내에 쇼핑하러 갔는데, 아는 사람과 한 명도 부딪치지 않았다. 때문에 타인과의 우연한 만남은 없었다' 하지만 그렇지 않습니다. 잘 생각해 보면, 슈퍼마켓 계산대에서 일하는 여성과 두세 마디 말을 주고 받았을 수도 있고, 버스 운전기사에게 '어디서 내리면 됩니까?' 라고 물었을 수도 있습니다. 지하철 안에서 남의 발을 밟고 '미안합니다' 하고 사과했을지도 모릅니다.

우리는 이와 같이 여러 형태로 타인과 접하고 있습니다. 아무리 사소한 일이라 하더라도, 타인과 접하게 되면 나는 '그래, 이것도 인연이야' 라고 생각합니다. 당연하지 않습니까?

왜냐하면 이 지구상에 수십억이 넘는 인간이 살고 있음에도, 우리는 99.99% 이상의 사람을 단 한 번도 만날 일이 없기 때문입니다.

같은 시대를 몇 십 년이나 살았음에도, 얼굴과 이름은 커녕 서로의 존재조차 의식하지 못한 채, 이 세상을 떠나는 것이 현실이고 보면, 잠깐이라도 말을 주고받는 정도의 우연한 만남도 분명 천문학적인 확률임에 틀림없습니다. 때문에 우연한 만남이란 매우 소중한 것이다! 라고 주장하는 것이 나의 사고방식입니다.

더구나 이 우연한 만남으로 인해 이제까지의 인생이 극적으로 전환되는 계기가 된다면, 이 만남은 굉장한 기회가 아닐까요? '기회는 기회라고 표시되어 있지 않다' 라는 말이 있지만,

사람들은 이러한 만남을 '아아, 귀찮아' 라든가 '난, 흥미 없어요' 라며 놓쳐버리는 경우가 의외로 많은 것 같습니다.

무엇보다도 기회를 놓치지 않으려면, 자기 주변에서 일어나는 일과 이야기들, 이런 모든 정보에 관심을 두는 것이 습관화되어야 합니다.

특히, 기회란 상대방이 뭔가를 자신에게 이야기 할 때, 일단 그 사람이 말하고자 하는 것이 무엇인지, 무엇을 원하는지를 먼저 알고, 이해하는 데서 비롯된다고 할 수 있습니다.

따라서, 일단 듣고 상황판단을 하면 될 것을, 듣기도 전에 멋대로 판단 해 버린다면, 오판에 대한 손해를 감수해야 할 것입니다.

우리 모두가 그것이 생리적으로 불가능하다는 생각을 먼저 함으로써, 기회를 잡지 못하는 어리석음을 범하고 있는 것입니다.

좀더 알기쉽게 말하면, 기회를 만들어 줄 것 같은 사람과 교제 하겠다는 발상은 지금 깨끗이 버리고 만나는 사람의 수 만큼 기회가 있다고 생각하는 습관을 갖는 것이 중요합니다.

이것은 보다 좋은 인간관계를 쌓은 사람의 경우, 친구가 적은 사람보다는 기회를 잡기가 쉽다는 것을 뜻합니다. 때문에 평소 인간관계를 넓혀두어야 할 것입니다.

일반적으로 정상인이라면, 기본적인 정보망을 갖고 있을 것입니다. 이것을 앞으로 어떻게 활용할 것인가는 바로 자신의 마음가짐에 달려 있다 할 것입니다.

예를 들어봅시다.

한 아주머니가 떡을 넉넉히 만들어서 이 사람, 저 사람에게 골고루 나누어 주려고 한다면, 그때, 그 떡을 기회로 바꿀지 바꾸지 못할 것인지는 자기 자신에게 달려 있는 것입니다. 때문에 일단은 그 떡을 받을 수 있는 사람이 되어야 합니다.

내가 '암웨이 비즈니스로 위대해질 것이다' 라는 기회를 잡았을 때 이야기는, 前著〈Amway my success〉에서 자세히 썼습니다. 그때 만약 내가 '암웨이를 아세요?' 라는 질문을 받고, '네? 잘 모르겠는데요, 별로 듣고 싶지 않아요' 라며 이야기를 듣지 않았다면 어떻게 되었을까요? 그저 평범하게 작곡을 계속하고 있을지, 아니면 내고향 시마네(島根)로 돌아가, 또 다시 샐러리맨을 하고 있을지 모르는 일입니다. 그 생각만 하면 지금도 아찔해지지만, 그래도 어찌되었든 그 우연한 만남을 받아들여 주의 깊게 상황판단을 하고, 암웨이 비즈니스를 선택했습니다. 이것은 내게 있어 정말 멋진 만남이었고, 결국 기회의 시작이 되었던 것입니다.

* 무수(無水) 냄비가 가져다준 커다란 기회
물없이 식품 자체수분만으로 요리할 수 있는 냄비

만남이라는 것은 정말 신기하고 상상할 수 없는 것입니다. 그리고 그 만남이 자신의 인생을 어떻게 변화시킬 것인지는 더욱 미지수 입니다.

굉장한 예를 하나 들어 보겠습니다. 하마모토 슈우지씨와 토모꼬씨 부부 이야기입니다.

이 두 사람은, 암웨이 비즈니스에서 최고(最高)인 크라운 앰배서더 DD라는 가장 우수한 레벨로서, 이제는 확고한 일본의 탑 IBO입니다.

이들은 억 단위의 연 수입을 올려 화려한 생활을 하고 있지만, 원래는 히로시마의 평범한 샐러리맨 부부였습니다. 그런데 이 두사람의 인생을 바꾼 작은 만남이 바로 무수(無水) 냄비였습니다.

토모꼬(智子)씨는 어느 가정에나 있는 평범한 알루미늄 냄비와 범랑 냄비를 사용했는데, 어느날 갑자기 아이가 소아천식에 걸렸습니다.

증세가 너무 심해 입원 치료를 했지만, 좀처럼 낫지를 않았습니다. 그런데 새로 담당하게 된 의사가, 미국에서 영양학을 배우고 돌아온지 얼마되지 않은 선생님이었습니다.

그 선생님께서는 '약은 부작용이 생길 수도 있고, 발작이 약으로 진정된다 하더라도, 근본적으로 체질을 개선하지 않으면 해결이 안되니까. 이 병에는 음식의 선택과 조리방법에 나름대로 주의할 필요가 있습니다. 영양이 손실되지 않는 조리법에는 그에 알맞는 조리기구가 필요하니, 무수(無水) 냄비를 사용해 보세요'라고 말씀해 주셨습니다.

토모꼬씨는 즉시 무수(無水) 냄비를 판매하는 상점을 찾으면서 주위 사람들에게도 수소문 했으나 아는 사람이 없었습니다.

겨우, 어느 백화점에 팔고 있다는 소식을 듣고 매장을 찾아가

판매원에게 사용법을 물었는데, '설명서가 있으니, 그것을 읽어 보세요'라는 대답 뿐이었습니다. 판매원도 판매원이지만, 토모꼬씨는 생각하는 바가 있어 물건을 구입하지 않았습니다.

어떤 물건인지 확실하게 알 수 없을 때는, 그 사용법과 여러 가지 정보를 수집한 후, 꼼꼼히 따져 구입해야 한다는 것이 토모꼬씨의 생각이었습니다.

그러던 어느날, 토모꼬씨는 친구로부터 전화를 받았는데, 사이또오(齊藤)라는 친구가 회사를 그만두었다는 소식을 들었습니다.

사이또오씨는 그 당시 야마하에서 유명한 세일즈맨이었는데, '왜 그 사람이 갑자기 회사를 그만두었을까?'라는 의아한 생각을 하게 됐습니다. 토모꼬씨가 그 이유를 친구에게 물었더니 세제와 냄비 파는 일을 시작하기 위해서라는 것이었습니다.

"세제와 냄비를 판다"

여기서 보통사람 같으면, '음, 그렇지. 그 집이 철물점이라, 그 일을 물려 받는구나' 정도로만 생각할 수도 있을 것입니다. 그러나 토모꼬씨는 달랐습니다.

"사이또오씨는 원래 새로운 것을 좋아하고 멋쟁이인데다, 매우 센스 있는 사람이야. 그런 사람이 이제 와서 철물점을 하기 위해 회사를 그만둘 리가 없어, 정말 이상해." 그때 문득 냄비라는 말이 떠오른 그녀는 사이또오씨에게 연락을 했다고 합니다.

사이또오씨가 일하는 새로운 직장은 암웨이였으며, 냄비라는 것도 암웨이의 퀸 쿡이라는 무수(無水) 냄비 세트였다는 것을 알게 되었습니다.

그 후 사이또오씨를 만나게 되었고 토모꼬씨는 그 당시 '회원으로 가입하면 할인된 회원가격으로 살 수 있어' 라는 사이또오씨 말에 일단 사인을 하고, 여러 개의 냄비를 구입했습니다. 그러나 그는 단순히 무수(無水) 냄비를 원했을 뿐, 비즈니스를 할 마음은 전혀 없었습니다.

그는 그 당시 전자올겐과 피아노를 가르치고 있었으며, 자신이 좋아하는 음악 이외의 일을 한다는 것은 상상조차 할 수 없었습니다.

이 정도의 평범한 전개였다면, 암웨이와 하마모또 부부와의 인연은 여기서 종지부를 찍는다 하더라도 이상하지 않을 것입니다. 그러나 이야기는 여기서 끝나지 않았습니다. 인생에 있어 만남이란 재미있는 것입니다.

하마모또씨 일가와 무수(無水) 냄비와의 만남, 사이또오씨와 만남은, 남편 하마모또 슈우지씨의 말 한 마디로 뜻밖의 전개를 펼치게 됩니다.

부인 토모꼬씨가 새로 구입한 무수(無水) 냄비로 밥을 짓고 있었습니다. 그때 남편 슈우지씨가 식탁위에 있는 암웨이 비즈니스 책자를 발견하고 아무 생각 없이 책을 읽다가, 비즈니스 비젼을 깨달았는지. '이거 굉장한데!' 하고 소란을 피웠던 것입니다.

슈우지씨는 이과와 수학계통을 공부해서 숫자에 강했으며, 그래프나 숫자로 표시된 마케팅 전략을 금방 이해할 수 있었습니다.

여기서 나는 시기라는 것이 아주 중요하다고 생각합니다.

두 사람이 한참 흥분하여 대화를 나누고 있을 때, 마침. 사이 또오씨로부터 전화가 왔습니다.

남편 슈우지씨는 당장 이틀 후에 있을 미팅에 데려가 주겠다는 약속을 받았고, 마침내 기다리던 토요일이 되었습니다.

그런데 젠닛꼬우(全日本)호텔에서 오후 6시부터 시작하는 미팅에 참석하기 위해 준비를 해야 할 슈우지씨가, 10시를 넘기고 12시가 되어도 돌아 오지 않았습니다.

슈우지씨는 그 당시 마작을 좋아해서, 마작을 하다가 새벽에 돌아오는 경우가 종종 있었던 터라, 오늘도 마작을 하고 있을 거라 생각한 토모꼬씨는 어쩔수 없이 먼저 잠자리에 들었다고 합니다.

토모꼬씨가 막 잠이 들었을 때, 돌아온 슈우지씨는 여느때와 달리 자고 있던 토모꼬씨를 깨워 침대에 앉히더니, 잠이 덜 깬 토모꼬씨에게 아주 진지한 표정으로, '난 꼭 해낼 거야. 모든 친구들에게 이 기회를 전해야겠어. 그러니 당신도 여기에 당신 친구의 이름을 써' 하는 것이 아닙니까?

볼펜과 종이를 가져와 열심히 친구들의 이름을 쓰기 시작하는 남편을 보고 영문도 모른 채, 자신도 친구들의 이름을 쓰지 않을 수 없었다고 합니다.

한밤중에 침대 위에서 열심히 친구들의 이름을 쓰고 있는 부부. 약간 우스운 생각도 들었지만, 어쨌든 임무를 수행한 토모꼬씨는, '미안하지만, 나 먼저…' 하고는 별 생각없이 잠자리에 들었답니다.

그리고 아침에 일어나, 똑 같은 자리에 옷도 갈아 입지 않고 그대로 앉아있는 남편을 발견한 그녀는 깜짝 놀랐습니다.

'어떻게 된 거예요?' 하고 묻는 그녀에게 남편은 '잠이 오질 않았어. 흥분 돼서 말이야' 그리고 '반드시 해낼 거야' 라는 알 수 없는 말 만을 남긴 채 출근을 했습니다.

남편은 퇴근 후에도 아침 출근전과 똑같은 상태로, 밥먹는 것도 잊어버린 채 친구들에게 마구 전화를 하더니, 10시가 넘어서야 겨우 정신을 차리는 것 같았다고 합니다.

자기답게 살 수 있다

그는 왜 이것이 기회라고 깨닫게 된 것일까? 그것은 사이또 오씨 이야기를 듣고, 갑자기 일어난 충동은 아니었을 것입니다. 거기엔 분명 이유가 있었을 것입니다. 그것을 슈우지씨는 아래와 같이 분석하고 있습니다.

'결혼 후, 우리는 식사때 언제나 다정한 화제거리가 있었습니다. 그것은 즐거웠던 지난 일이나 현재의 이야기가 아닌 미래의 이야기였습니다. 꼭 이렇게 되었으면 해요. 그러니 지금 이대로는 안되겠어요' 하는 식의 이야기 말입니다.

둘에게 적당한 일, 두 사람이 진정 자기답게 살아갈 수 있는 일, 그런 일이 어디에 있을까라는 식의 대화를 항상 나누고 있던 우리에게, '많은 시간과 많은 친구를 만들 수 있을 뿐아니라 돈도 벌 수 있는' 이 세 가지 전제를 기본으로 하는 암웨이 사업이 매우 강하게 내 눈에 들어왔습니다.

그리고 또, 무엇보다도 이 사업으로 인해 가장 나답게 살아갈 수 있을 것 같은 어떤 매력에 이끌려 - 그때는 정말 그렇게 생각했습니다. - 마침내 사업을 시작했습니다.

두 사람이 매주 목요일 8시부터 갖기로 한 첫 홈 미팅에 4명의 친구가 와 주었으나, 사이또오씨의 자세한 설명에도 불구하고 결국 한명도 서명하지 않고 돌아가 버렸습니다.

그런데 두 번째 홈 미팅에 갑자기 내가 게스트로 참가하게 된 것입니다.

왜 여기에 갑자기 나까지마 가오루(中島 薫)가 초대됐을까? 하고 의아해 하는 사람이 많을 것입니다.

사실 사이또우씨는 내가 암웨이를 소개해 준 사람으로, 소개해준 사람의 사업을 돕는 것이 암웨이 사업에서 가장 중요한 일이었기에 나는 사이또우씨를 따라 하마모또씨의 집을 방문했습니다.

집이 매우 근사한데 비해 안에 있는 사람들의 분위기가 너무 침체되어 있었습니다. 가만히 살펴보니, 설명하는 사람도 듣는 사람도 이 사업에 대해 열정이 없는 것 같았습니다.

잠자코 보고 있던 나는 마침내 참을 수가 없어, '이처럼 가능성 있는, 멋진 사업을 가지고 왔는데도, 왜 그걸 모르는 거지. 그만 됐어. 당신들이 하든 안하든 나하고는 상관 없으니까. 그만 가겠어' 라며 화를 내고 돌아와 버렸습니다.

너무 성격이 급한 것 아니냐고 생각하는 분도 계실 겁니다. 저도 그렇게 생각합니다. 하지만 역시 운명이라는 것은 이상한 것이어서, 내가 화를 내고 돌아온 후 그곳에 있던 사람들이 마침내 용단을 내려, 모두 서명을 하게 되었습니다.

이에 슈우지씨가 '드디어 인생을 걸 만한 일을 찾았습니다. 죄송합니다만, 회사를 그만두고 싶으니 업무 인계를 부탁드립니다' 라고 다음날 당장 상사에게 말할 정도였으니, 그 고무받은 바가 얼마나 컸는지 짐작할 수 있을 것입니다.

그때 당시를 슈우지씨는 이렇게 말하고 있습니다.

그 전부터 그만 둘 마음은 있었습니다. 나와 소장님과는 늘 낚시를 함께 다녔습니다. 둘 다 낚시와 바다를 좋아해서 매일 휴식시간에는 야마하 보트(boat) 카탈로그를 들여다 보며, 마력수가 어떻고 모양이 어떻고 하는 얘기를 나누었으며, 소장님은 '언젠가 배를 한 대 사야지' 라는 말을 자주 하곤 했습니다.

그러던 어느날, 그 소장님이 군마(群馬)의 마에바시(前橋)영업소로 전근을 가게 되었는데, 책상을 정리하던 그 분이 갑자기, '마에바시(前橋)에는 바다가 없으니 이제 배는 포기해야겠다' 며 가지고 있던 카탈로그를 모두 휴지통에 버리고 가는 것이 아닙니까?

그 모습은 지금까지 내 일에 대해, 어떤 한계를 느끼게 했습니다. 그것은 내게 있어, 바로 꿈을 휴지통에 버린 것이나 다름없었습니다.

꿈을 버리고, 자기가 가장 좋아하는 것을 희생하는 대가로 얻을 수 있는 것이 과연 무엇일까? 나는 처음부터 평생 샐러리맨을 할 것이라는 생각은 없었습니다. 언젠가는 내 힘으로 사업을 해 보고 싶다는 꿈을 갖고 있었습니다.

여기서 우리가 잠깐 의미를 두어야 할 것은, 그 윤곽을 이제야 잡았다고 해서 갑자기 회사에 사표를 던지는 남편도 남편이지만, '나, 회사 그만두기로 했어'라는 갑작스런 남편의 말에도 '어머, 잘 하셨네요'라고 무조건적으로 받아들이는 아내의 태도입니다.

이 경우 안색이 변한채 화를 내든가, 말리는 것이 보통이겠지만, 그들의 공동 목표는 '자기답게 산다'는 것이었습니다. 남편이 진정 자기다운 것을 찾아, 그것에 도전해보고 싶어 한다면, 꼭 그렇게 할 수 있게 도와주는 것이 아내된 도리라 생각한 토모꼬씨는 기꺼이 도와주기로 결심했다고 합니다.

남을 진정으로 생각해 주는 마음이 기회를 만든다

여기서 두 사람이 주저하지 않고 결단을 내릴 수 있었던 것은, 평소부터 그들이 주인의식을 갖고 있었기 때문이라고 생각합니다.

암웨이는 분명, 평범한 회사원이 부업으로도 할 수 있는 일입니다. 그러나 그것은 본업이 아니기 때문에 대충대충 되기 십상입니다. 왜냐하면, 아무도 강요하지 않으며, 할당된 기준량도 없는 자유로운 일이기 때문입니다.

그러나 두 사람에게 있어서 '부업으로 할 수 있다'는 것은 아무런 매력도 될 수 없었습니다. 오직 사업으로 성공하고야 말겠다는 의지뿐이었습니다. 그 의지야 말로 진정 멋진 것이었습니다.

그리고 부부에게 암웨이가 멋진 사업이라는 것을 금방 알 수 있게 한 또 하나의 이유는 두 사람 모두, 특히 토모꼬씨가 새로운 것, 유행하는 것을 매우 좋아했다는 점입니다.

이 두 사람은 마침내 도쿄(東京)로 이사를 했으며, 그전까지는 쭉 히로시마에 살았습니다. 그러나, 히로시마에 있을 때부터, 머리를 자르기 위해 토모꼬씨는 매월 동경에 와 있곤 했습니다. 그 때 당시의 일을 토모꼬씨는 즐거운 듯 이야기 합니다.

"아무튼 나는 새로운 것을 좋아했습니다. 라포레하라쥬꾸가 생겼을 때, 그 안에 '못즈 헤어'라는 고급 미용실에 머리를 자르러 매월 갔습니다.

그 때는 옷도 꼭 시부야나 하라쥬꾸에 가서 샀고, 그것을 집에 직접 들고 오는 대신 특급우편으로 보냈으며, 나는 편안히 신간선 고속전철로 집에 돌아왔습니다.

또한 수입잡화를 매우 좋아한 나는 소니프라자나 동경에 있는 잡화상에서 미국산 잡화를 가득 사, 집에 장식해 놓았습니다.

언제나 예쁜 것, 고급스러운 것, 새로운 것으로 집을 꾸며 놓기 즐겨해서 세제마저도 부엌에 통채 두지 않고 예쁜 용기를 따로 사서 넣어두었습니다"

아무도 모르는, 아무도 갖고 있지 않는 것을 먼저 구입해 '이런 것도 있어요'라며 가르쳐 주는 것을 좋아한 그녀는, 신나게 음악을 즐기고, 열심히 놀고, 그리고 더 재미있는 놀이는 없는지에 늘 관심을 가졌습니다. 이로 인해 토모꼬씨는 남들보다 빨리 암웨이의 장점을 알 수 있었고, 깊은 관심을 가질 수 있었던 것입니다.

　즉, 이와같은 사람은 범위가 넓어지게 되면 어떻게 되는지를 보통 사람보다 빨리 알 수 있는 것입니다.

　이 두 사람은, 그 범위가 더욱더 넓어질 것임을 실감하고, 마침내 암웨이의 탑 IBO인 크라운 앰배서더 DD의 가장 높은 위치를 차지하게 되었던 것입니다.

　결국, 하마모또 부부의 인생 변화는 극적이라고 할 수 있습니다. 이 두 사람과 암웨이와의 만남이 보통의 경우와는 좀 다르다는 점에서, 즉 누군가로부터 '암웨이 해보지 않을래?' 라고 권유를 받은 게 아니라, 그저 무수(無水) 냄비를 찾던 토모꼬씨의 행동으로 인해, 그것이 시작되었다는 점에서 그렇습니다.

　토모꼬씨가 '무수(無水) 냄비' 라는 미끼를 꿰어 낚싯줄을 여러 개 매달아 놓고, 걸려든 것을 끌어 올렸더니 그것이 바로 암웨이였던 것입니다.

　이것은 매우 드문 예인데, 그 당시로서는 가정에서 거의 찾아볼 수 없었던 무수(無水) 냄비를 토모꼬씨가 찾을 수 있을 정도의 수준이었으니, 그들이 중류이상의 생활수준은 유지하고 있었음이 분명합니다.

하지만, 이들이 이 정도로 만족했다면, 가족사(家族史)를 바꾸는 변화는 절대로 생기지 않았을 것입니다.

바다를 사랑하는 슈우지씨는 스쿠버 다이빙, 수상 스키와 같은 해양 스포츠라면 무엇이든지 좋아합니다. 그는 가끔 쉬는 날 세또나이까이에서 보냈던 것이 고작이었는데 지금은 카리브해, 지중해, 남태평양 등 그가 좋아하는 멋진 곳에서, 마음껏 즐길 수 있습니다. 세또나이까이에서 지중해로, 더 나아가 '전 세계의 바다에서 놀 수 있다'는 즐거움을 가진 슈우지씨는 급기야 다른 나라 바다로도 달릴 수 있는 호화로운 크루저 배를 사기에 이르렀습니다.

사실 이 배는 두 번째 배로, 한 척은 구입한 후 얼마 지나지 않아 태풍에 산산조각 부서져, 다음해 봄에 최신형 크루저를 사들인 것입니다. 10번도 채 타보지 못한 크루저가 못쓰게 되었음에도 웃어 넘기며 기꺼이 새로운 배를 구입하는 사람은 아무리 풍족한 일본이라 하더라도 그리 많지 않을 것입니다.

아이를 미국인 학교에 입학시키기 위해, 가족 모두가 도쿄(東京)로 이사온 아파트는 대궐같은 집으로, 집안에 놓인 모든 가구는 해외에서 들여왔으며, 집안 전체가 고가의 미술품으로 꾸며져 있어, 그들의 풍족한 생활을 엿볼 수 있었습니다.

어느 것 하나도, 하마모또씨 일가에는 꿈같은 큰 변화가 아닐 수 없습니다.

그것은 단지 하나의 무수(無水) 냄비를 통한 사람과의 만남에서 비롯된 큰 변화였던 것입니다. 만일 이 냄비가, 예를 들어 상점에서 팔고 있는 지극히 평범한 무수(無水) 냄비였다면 어떠했겠습니까? 그리고 바로 구입을 했다면 그것으로 끝났을 것이고, 성공할 기회도 잡지 못했을 것입니다.

물론, 그때 암웨이 냄비를 사서 비즈니스를 시작하지 않았다 하더라도 언젠가, 어디서, 누군가에게, 암웨이를 전해 듣고 그때부터 시작했을 지도 모릅니다. 그러나 이상하게도, 하마모또 부부에게는 지금까지 단 한 번도 그런 기회가 없었다고 합니다.

오직, 사이또오씨에게 무수(無水) 냄비를 산 것이 유일한 암웨이와의 만남이었다고 합니다. 그리고 두 사람은 그 만남을 멋진 기회로 바꾸는 데 성공했던 것입니다.

분명 '정신을 차리고 보니 산 꼭대기에 올라와 있었습니다' 라고 말하는 사람은 없을 것입니다.

두 사람 모두 분명 그 나름대로 노력을 했으리라 생각합니다. 결과를 미리 알고 했던 노력이므로, 힘들다든지 괴롭다든지 하는 우울한 노력이 아닌 밝은 노력이었으리라 생각합니다.

매사에 신중한 토모꼬씨와, 오로지 성공을 목표로 한 슈우지씨는 이 경험을 살려 앞으로도 계속 어떤 자그마한 시작을 커다란 기회로 바꾸어 나갈 것입니다.

이런 확신을 가능케 한, 두 사람의 강한 메시지를 마지막으로 소개하겠습니다.

"앞으로 우리가 어떤 일을 할 수 있을지, 그것이 가장 흥미롭습니다. 그리고 많은 사람들이 암웨이비즈니스로 멋진 인생을 쟁취하고자 할 때, 우리의 작은 힘이나마 도움이 된다면 우리는 그것을 가장 큰 행복으로 생각할 것입니다.

암웨이와의 만남, 그리고 가오루씨와의 만남을 진실로 감사하게 생각합니다"

넝마주이에서 턱시도로

한 번 만난 것은 그것이 자연이든, 동물이든, 인간이든, 또한 작은 만남이든 그 만남을 매우 소중히 여긴다는 사실이 암웨이 창업자의 뜻이라는 것을 분명히, 이 비즈니스를 통해서 알 수 있다고 생각합니다.

그리고 그것은 이 비즈니스를 하는 사람이라면 누구나 자신의 마음속에 그것이 살아 숨쉬고 있다는 것을 분명히 느낄 수 있을 것입니다.

나는 최근 이러한 사실을 체험한 적이 있습니다. 이것 역시 한 청년과의 만남에서 시작되었습니다. 내가 암웨이의 구조를 설명하는 모임에서 있었던 일입니다.

칠판 앞에 서서, 막 강연을 시작하려 했을 때, 시계를 차고 오지 않았다는 사실을 알았습니다.

시계가 없으면 불편하기 때문에, 앞자리에 앉아 있는 사람들에게 '미안하지만, 누가 시계 좀 빌려 주시겠습니까?' 하고 부탁을 했습니다.

그러자, 여기저기서 시계를 풀려고 했습니다. 그러나 공교롭게도 아는 사람이 없어, 이름을 부를 수가 없었습니다.

그래서 멋진 셔츠를 입은 한 남자에게 '거기 녹색 셔츠를 입으신 분, 당신 걸 좀 빌려주십시오' 하고 시계을 빌렸습니다.

　모임이 끝난 후 그 사람에게 시계를 돌려 주며, '미안하지만 주소 좀 가르쳐 주세요' 라고 부탁했습니다. 뭔가 감사의 표시를 하려고 했던 것입니다.

　그러나 너무 지나치면 거꾸로, 그 사람이 부담스러워 할 것 같아, 결국 다함게 식사하는 자리에 그를 초대하여 초밥집으로 갔습니다. 식사를 하며 이런저런 이야기를 하는데, 그의 얼굴이 새까맣게 햇볕에 그을려 파도타기를 즐겨할 수도 있다는 생각이 들어 물어 보았습니다.

　"바다를 좋아 하시나요?"

　"아뇨"

　"그럼, 지금 어떤 일을 하고 계시나요"

　"넝마주이 입니다"

　"넝마? 그게 어떤 일인데요?"

　"쓰레기를 회수하는 청소차를 타고 있습니다"

　나는 내심 놀랐습니다. 지금까지 만난 사람 중에 '쓰레기를 치웁니다' 라고 말하는 사람은 한 명도 없었습니다.

　나는 금새 호기심이 생겼습니다. 그리고 그 이유를 꼭 알고 싶었습니다.

　'왜 청소부를 하게 되었나요?' 하고 물었습니다. 암웨이에 오는 사람 치고는 좀 특이했기 때문이었습니다.

　전에 일반 회사에 근무하고 있었는데, 근무 형편상 암웨이 사업을 함께 하기가 힘들어 그만두었다고 했습니다.

그 다음이 특이합니다. 그는 회사를 그만두더라도 당장 암웨이에서 돈벌이가 부족하므로, 우선 심야 트럭운전을 하기로 했답니다. 그러나 막상 트럭 일을 시작니, 한밤중에 하는 중노동이라 너무 지쳐, 낮에 암웨이 일을 할 수 없다는 사실을 깨닫게 되었고, 그래서 오전에 몇 시간만 하면 되는 청소부가 되었다는 것입니다.

모든 것이 암웨이가 중심이 되어있는 생활. 이런 사람이 가끔 있습니다.

이제 누가 뭐라 해도 암웨이를 우선 순위 중 첫 번째로 삼고, 암웨이를 위해서라면, 지금까지 쌓아온 것을 모두 팽개쳐 버리는 사람. 그런 사람들은 특별한 일이 없는 한, 다이아몬드DD급까지 도달하는 것은 시간문제 입니다.

암웨이는 세일즈의 재능따위는 거의 필요 없는 대신, 이런 생각을 갖고 뛰어야만 반드시 좋은 결과가 나타나는 구조이기 때문입니다.

이야기가 끝나자 그는 내게 손을 보여 주었습니다. 손은 얼굴과는 달리 매우 흰 편이었습니다. 얼굴과 팔은 햇볕에 그을려 있었지만, 손은 이상하리 만큼 희었습니다. 목장갑을 끼고 일을 했기 때문이라고 말했습니다. 일반적으로 그다지 멋있어 보이지 않겠지만, 나는 이 불균형에서 그의 굳은 의지를 본 것 같아 매우 감동했습니다.

"좋아요, 당신과 약속하지요. 당신이 DD(Direct Distributer) 이상이 되면, 내가 요미우리홀에서 하는 강연회의 초청연사로 부르겠어요"

"정말입니까?"

그는 눈을 반짝였습니다.

"정말입니다. 단 한 가지 조건이 있습니다. 그때 당신은 턱시도를 입고 와야 합니다"

"알겠습니다"

그리하여 그는 그야말로 매우 열심히 일하고 있습니다.

'만남은 인연인가 보다' 하고 혼자 곰곰히 생각하게 됩니다. 내가 시계를 깜빡하는 경우는 거의 없습니다. 그리고 내가 그를 지명한 것은, 단순히 그가 녹색 셔츠를 입고 있었다는 사실뿐입니다.

만약 빨간 셔츠를 입은 사람이 있었다면, 그 사람에게 시계를 빌렸을지도 모릅니다. 내가 그에게 시계를 빌린 것은 서로 아무런 계획도 계산도 없었습니다. 그랬음에도, 어제까지 얼굴도 이름도 몰랐던 사람과 친숙해질 수도 있는 것이 우리의 현실입니다.

지금 내가 비밀리에 그 사람의 상징어로 생각하고 있는 말은 '넝마주이에서 턱시도로' 라는 것입니다.

암웨이를 처음 시작했을 때, 나는 쌀집 2층에서 하숙을 하고 있었는데, 지금의 나는 전원생활을 하고 있으니 내게는 '쌀집 2층에서 전원생활로' 라는 표현이 어울릴까요?

사실, 이런 것은 아무것도 아닐 수 있지만, 인생이라는 게임을 재미있게 즐기기 위한 하나의 방법이라 생각합니다.

그는 쓰레기를 치우면서, 머리속으로 턱시도를 입고 요미우리홀 무대위에서 연설하고 있는 자신의 모습을 상상해 볼 수도

있을 것이고 나로서는 지친 한 인간이 성공의 계단을 뛰어 올라
가는 모습을 상상해 볼 수 있는 보람과 기대가 있습니다. 벌써
생각만 해도 가슴이 뜁니다. 그것은 그에게 있어서, 지금까지
상상해보지 못한 행복일 것이며, 또한 그것은 나의 행복이기도
하기 때문입니다.

암웨이 비즈니스의 장점은 이처럼 서로가 즐겁게, 일할 수 있
다는 것입니다. 한쪽은 기뻐하는데 다른 한쪽은 울고 있다면,
행복한 만남이라고 할 수 없을 것입니다.

그러나 일반 회사에서는 이것이 보통입니다. 누군가가 승진
이 된다면 누군가는 우는, 즉 승자의 탄생은 반드시 패자를 만
드는 불행이 시작되는 것입니다. 그러나, 암웨이에서는 모두가
승자가 될 수 있습니다.

모든 일에는 적절한 시기가 있다

내가 암웨이를 만난 것은 갑자기 걸려온 전화에서 비롯된 아
주 우연한 것이었습니다.

아리마(有馬)씨가 '암웨이라고 아세요?' 하고 물었을 때, 물
론 몰랐습니다.

예비지식이 있으면 모르겠지만, 대부분의 사람이 처음 암웨
이라는 말을 들으면 잘 알지 못할 겁니다. '그게 뭐지?' 라고 생
각 하겠지요. 그저 센스 있는 사람이나 호기심이 강한 사람이라

면, 정확히 알지는 몰라도 뭔가 느낌 정도는 올 것이라 생각합니다.

저도, 처음에는 암웨이가 양복 브랜드가 아닌가 생각했으니까요.

그래도 아주머니들만 있는 미팅장소에 나가 IBO계약을 했다는 것은, 이미 전화를 받을 때 부터 마음이 정해져 있었던 건 아닌가 하는 생각이 듭니다.

인생에서 적절한 시기라는 것은 당연히 있기 마련이지만, '가장 적절한 시기'가 언제인가 하는 것을 알기란 쉽지 않습니다.

내 경우를 예로 들면, 아리마(有馬)씨와 전화통화를 했을 때, 아리마씨는 나에게 '당신, 부자가 될 수 있어요'라는 말을 했습니다. 아리마씨는 문득 '그래, 암웨이를 전해줄 사람으로 가오루씨가 적격이야!'라는 생각이 떠올라, 전화를 걸었다는 것입니다.

그리고 아리마씨는 상대가 나까지마 가오루였기 때문에 '부자가 될 수 있어'라는 표현을 했다고 합니다.

우리는 아무에게나 똑같은 말을 할 수 없고, 그러한 가능성이 있는 사람에게 그런 말을 할 수 있을 것입니다.

하지만, 문제는 상대편에게 있는 것이 아니라, 자신에게 달려 있다는 것입니다.

자신이 그것을 어떻게 받아들여, 어떻게 행동하느냐에 따라, 그 결과가 전혀 달라지기 때문입니다.

상대편이 하는 말을 일종의 물건을 팔기 위한 말로 받아 들일 것인가, 아니면 자기에게 주어진 굉장한 기회로 받아 들일 것인가 하는 문제에 있어서, 암웨이로 성공한 사람을 보면 후자로 받아들인 사람이 거의 대부분입니다.

어쩌면, 이러한 사실은 거의 모든 일에 똑같이 적용되는 것인지도 모릅니다.

다시 말해, 후자로 받아 들일 수 있을 때, 그 사람에게 '가장 적절한 시기'의 기회로 포착될 수 있으리라 생각됩니다.

나는 시골에서 올라와 작곡가가 되었지만, 제대로 몰입할 수 없는 상태였습니다.

내가 쓴 곡을 내가 직접 노래하는 싱어 송 라이터가 되고 싶었으나, '악기도 다룰 줄 모르는 나에게, 아무래도 불가능 해, 안되겠군. 그럼 작곡은 취미 삼아서나 해야겠다' 이런 생각을 하고 있을 때 결정적인 사건이 벌어졌습니다.

어느날 미소라 히바리씨 곡의 작곡을 부탁 받은 적이 있었습니다.

이것은 경쟁작으로 여러 명에게 작곡을 시켜, 그 중에서 가장 좋은 곡을 고른다는 것이었습니다. 나에게는 부부도(夫婦道)라는 제목의 시가 주어져 그 시에 곡을 붙였는데, 무슨 까닭인지 내가 쓴 곡으로 결정 되었다고 발표를 했습니다.

"미소라 히바리의 이번 신곡 싱글앨범은 나까지마 가오루씨 곡으로 결정되었습니다"

이 말을 들은 나는 마치 여우에게 홀린 것 마냥 아무런 느낌이 없었습니다. 겨우 정신을 차린 후, '아, 부모님께서 기뻐하시겠는데'라는 생각이 들었습니다.

부모님은 미소라 히바리씨를 매우 좋아 하셨거든요. 담당자에게 재차 확인을 했습니다.

"정말로 그렇게 결정되었습니까?"

"그렇습니다"

"부모님께 말씀드려도 되겠습니까?"

"그럼요"

나는 부모님께 소식을 전했습니다. 예상했던 대로 아니, 생각 이상으로 부모님께서 매우 기뻐하셨습니다. 온 마을에 자랑하고 다닐 정도였으니까요. 나 또한 효도 했다는 생각에 더 없이 기뻤습니다.

그런데 얼마 후 담당자에게 연락이 왔는데, 분명히 내 곡으로 결정됐던 미소라 히바리씨의 신곡이 갑자기 다른 곡으로 변경돼 버렸다는 것입니다.

"그 곡, 이번에 보류되었습니다"

이 말을 듣고 나는 무척 실망했습니다. 그러나 그것은 곡이 변경되었다는 그 사실 자체보다도 '앞으로 이런 일이 자주 있겠구나' 하는 좋지 않은 느낌이 들었습니다.

지금 생각해보면, 그 계통에서는 흔히 있을 수 있는 일이었습니다.

그런 일에 일일이 신경쓰다 보면, 아무것도 할 수 없다는 생각에 나는 이제부터 시작이니, 기회가 주어진 것만으로도 다행이라 생각했습니다.

그러나 그 당시 혼신을 다해 열심히 일했음에도 어떤 대가가 나타나지 않았다는 것에 매우 실망이 컸습니다.

이런 생각에 잠겨 있을 때, 조금 전에 말한 아리마씨로부터 전화가 걸려왔던 것입니다. 뭔지는 잘 모르겠으나 '해 보자'는 마음이 든 것은, 특별히 부자가 돼야겠다는 야심보다는, 자신을 변화시킬 가능성에 도전해 보고 싶었던 것입니다.

그때 만약 내가 미소라 히바리씨에게 쓴 곡이 그대로 나왔더라면, 그 후에도 나는 계속 작곡을 했을지도 모릅니다.

그리고 그 후 암웨이에 관한 이야기가 들려 왔을 때 IBO가 되었을지도 모릅니다. 그렇게 되었더라면, 지금의 나까지마 가오루는 없었을 것입니다. 시작의 동기가 전혀 다르기 때문입니다.

1%의 가능성에 대하여, 100% 노력한다

이와같이 이 세상에는 무슨 일이 생길지, 언제, 어디서, 어떤 기회를 만나게 될지 알 수 없습니다.

사람은 좋은 일이 생기면 기뻐하지만, 나쁜 일이 생기면 슬퍼하거나 싫어하거나 도피하기도 합니다.

그러나 여기서 주의해야 할 것은 눈 앞에 있는 좋은 일이 항상 좋은 결과를 낳고, 나쁜 일이 항상 나쁜 결과를 낳는다고 말할 수 없다는 것입니다.

미소라 히바리의 곡이 채택되지 않았던 것은 내게 있어 나쁜 일인 것처럼 보였으나, 결과적으로는 그 일이 있었기 때문에 지금의 나까지마 가오루가 있다고 해도 과언이 아닙니다. 때문에 나는 나에게 일어나는 모든 일에 감사드리고 있습니다.

'그렇게 된 것은 뭔가 뜻이 있을 거야' 이렇게 생각하면, 모든 것이 좋은 방향으로 움직입니다. 자신이 처한 상황을 겸허하게 받아 들일 줄 아는 것도 하나의 재능이라 하겠습니다.

'어딘가 조금만 달랐어도 이렇게 되지는 않았을 텐데' 라는 사람들을 우리가 사는 세상 속에서 수없이 많이 볼 수 있습니다.

때문에 지금까지 자기 인생에서 만난 사람, 앞으로 만날 사람, 이들 모두가 인연인 것입니다. 그리고 그 사람들과의 만남이 가져다 줄 기회는, 이미 천문학적인 확률로 자기에게 다가오고 있습니다. 그 1%의 가능성에 대해, 항상 100%의 노력을 할 수 있다면, 당신의 앞길은 분명 활짝 열릴 것입니다.

2장

☆☆

궤적(軌跡)이 기적(奇蹟)이 된 사회

시작은 모두 미미하다

옛날 그리스의 위대한 철학가가 '시작은 모두 미미하다' 라는 말을 남겼는데, 그 말이 사실인 것 같습니다.

바야흐로 암웨이라는 회사는 일본 소득신고 순위에서 코카콜라에 이어 두 번째 외국자본 기업으로서, IBM보다 규모가 커졌지만, 여러분은 암웨이를 대기업이라고 생각지 않을 수도 있습니다.

1장에서 소개해 드린 하마모토(濱本)부부와 무수(無水) 냄비의 만남처럼 암웨이와의 만남을 아주 보잘 것 없고 일상적인 일로 생각할 수도 있습니다.

그러나, 그런 작은 일이 생활을 윤택하게 해줄 뿐만 아니라, 당신의 인생을 놀라울 정도로 풍요롭게 바꾸어 놓을 수 있다는 사실입니다. 그런 가능성을 가지고 있는 것이 암웨이 비즈니스입니다.

암웨이에서는 매년 기업 이미지를 나타내는 표어를 만들어 공표하고 있습니다. 내 마음에 드는 것 중에 하나, '만나게 되어 기뻤던 암웨이' 라는 표어가 있습니다. 실제로 '암웨이를 알게 되어 기쁘다' 는 사람이 많이 있습니다.

우선 나 자신이 그렇고, 내 주변에도 마음속으로 그렇게 생각하고 있는 사람이 많이 있습니다.

사람과의 만남은 인연이라고 했습니다. 물건과의 만남 또한 그렇지 않을까요? 나는 이 사업을 해 오면서 그렇게 생각하게 되었습니다.

내가 암웨이비즈니스를 처음 만났을 때, 암웨이는 사람에게 비유하자면 아직 걸음마를 배우는 꼬마와 같았습니다.

사람의 경우, 뭔가 엉뚱한 소질이나 재능을 가진 아이는 어릴 때부터, 그 기질을 조금씩 나타내기 시작합니다. 많은 천재들은 그러한 사실을 알게 된 이웃의 지지와 그에 자만하지 않는 노력으로 그 능력을 꽃피워 왔습니다.

암웨이도 그와 똑같다고 말씀드릴 수 있습니다. 거품경제가 붕괴된 영향도 받지 않고 순조롭게 커 가는 모습은, 불량스럽지 않고 성격과 행동에 있어서도 학급에서나 이웃의 칭찬을 받고 있는 효성스런 아이와 같습니다. 나로서는 '어쨌든 잘 커 주었으면' 하고 염려하는 부모의 마음으로 암웨이를 지켜보고 있습니다.

'바보같은 아이일수록 귀엽다' 는 말이 있습니다만, 암웨이에 있어서 이 말은 알맞지 않습니다. 이렇게 말하면 나까지마 가오루의 일방적인 생각이 아니냐는 말을 듣게 될 수 있으므로, 다음에서 다소 논리적으로 설명해 보겠습니다.

의미 있는 일의 조건

암웨이 창립자의 한 사람인 리치 디보스씨가 저서에서 '일이란 무엇인가' 에 대해 철저히 파헤치고 있는 부분이 있습니다. 그 중에서 '의미 있는 일의 조건' 으로 다음 여덟 항목을 들고 있습니다.

(1) 재미있을 것

(2) 일을 수행하는 데 충분한 원조와 설비가 있을 것

(3) 정보가 충분히 제공될 것

(4) 권한이 충분히 부여될 것

(5) 보수가 좋을 것

(6) 특수기능을 향상시킬 기회가 있을 것

(7) 안전할 것

(8) 성과가 인정될 것

이것은 미시간 대학이 '의미 있는 일'에 대해 조사한 결과로, 디보스씨의 독자적 판단이 아니라는 데 그 가치가 있습니다.

만약 그 혼자만의 생각이었다면 보편성이 결여되었을지도 모릅니다.

하지만, 대다수의 사람들이 진지하게 '의미 있는 일이란 이러한 조건을 갖춰야 하지 않을까' 하고 생각한다면, 일반적인 일과 암웨이 비즈니스를 여기에 적용시켜 비교해 봄으로써 암웨이 비즈니스의 가치를 객관적인 잣대로 가늠할 수 있을 거라 생각합니다.

또한, 여기에 열거한 여덟 항목은 그 중요도에 따라 번호가 매겨져 있으므로 번호가 순위를 나타낸다고 할 수 있습니다. 이들에 대해 내가 생각하고 있는 것과 함께 차례대로 설명하고자 합니다.

우선 첫 번째는 '재미있을 것'.

이것을 보고 의외라고 생각하는 사람이 있을지도 모릅니다.

그렇다면 그런 사람들은 일을 너무 딱딱하게 생각하거나, 그렇지 않으면 재미없는 일, 자신이 바라지 않는 일에 종사하는 사람일 것입니다.

'재미가 없으면 일이 아니다' 라는 것이, 내가 갖고 있는 직업관입니다. 그러면 재미있는 일과 재미없는 일은 어떻게 구분할 수 있을까요?

나는 세상에서 재미없는 일은 하나도 없다고 생각합니다.

단지 재미있어 하는 마음과 재미없어 하는 마음, 이 두 가지가 있는데, 사람들이 각각 다르게 느끼고 있을 뿐입니다.

씨름 선수를 예로 들면, 그들은 씨름이 좋아 모래판에서 땀을 흘립니다. 어떤 힘든 일이 있더라도 끝까지 훈련을 합니다.

하지만, 자신은 씨름 선수가 되고 싶지 않은데 억지로 하게 했다면 어떨까요? 별로 원치도 않는데 아침 일찍 일어나 연습을 하고, 몸집을 키우기 위해 먹기 싫은 많은 양의 음식도 어쩔 수 없이 먹습니다. 상하 관계도 엄격하여 선배의 말을 억지로 따라야 하는 경우도 있습니다.

하지만, 씨름이 좋아서 그 세계에 몸담고 있는 선수들을 지켜보면 매우 진지할 뿐 아니라, 대단한 자긍심을 가지고 생활하고 있습니다.

모래판에서 활약할 수만 있다면 어떤 힘든 훈련일지라도 못할 것이 없습니다.

즉 일의 내용보다는 그 일을 하는 사람의 마음가짐이 문제입니다. 마음이 내키지 않으면 어떤 일을 해도 재미가 없다는 것입니다. 그것은 암웨이 비즈니스도 마찬가지입니다.

그렇다면 그 마음가짐이란 어떤 것일까요?

그것은 간단합니다. 바로, 일에 열중하고 전념하면 되는 것입니다. 그렇게 하면 반드시 재미가 생깁니다.

자신의 모습이 바뀌면 일도 바뀐다

암웨이에는 '랠리' 라고 하는, 멤버들과 비즈니스에 관심을 가진 사람들이 모이는 집회가 있습니다. 지금은 빅아티스트들의 콘서트처럼 강연장은 장사진을 이루고, 입구에는 많은 사람들이 줄을 늘어 서기도 하지만, 내가 암웨이를 시작했을 무렵 랠리는 어둡고 딱딱하며 조금도 재미가 없었습니다.

왠지 그 당시는 회사가 '이번 분기 매출이 저조하니, 다시 한 번 힘을 불어넣자' 는 총궐기 모임 같은 느낌조차 들었습니다.

이 상태로는 아무도 흥미를 갖지 못하고, 암웨이의 기업정신도 살릴 수 없다고 생각한 나는, 좀더 밝고 즐거운 랠리를 만들어 보고자 했습니다. 이를 위해서는 역시 일에 대한 생각을 바꿀 필요가 있었습니다.

즉 암웨이는 물건을 파는 것이 아니라, 이 일을 함으로써 자신의 생활 모습을 바꾼다, 즉 꿈을 판다는 사실을 모두에게 전달했습니다.

이러한 노력의 결과로, 암웨이 랠리는 곧 흥미롭고 모두가 가고 싶어하는 행사로 변했습니다.

그러한 분위기를 느껴 본 적이 없는 사람에게는 설명할 방법이 없습니다만, 실제로 암웨이의 랠리는 재미있습니다. 바꾸고 싶어하던 생활모습으로 멋지게 성공한 사람들의 체험담을 들을 수 있으며, 게다가 암웨이를 하면 자신도 역시 바뀔 수 있다는 사실을 깨닫게 됩니다.

그저 다른 사람이 성공했다는 얘기뿐이라면 그다지 재미없겠지만, 자신의 희망을 이룰 수 있는 방법까지 준비한 성공담을 들을 수 있으므로 매우 흥미롭습니다. 때문에 그 연장선상에서 일을 시작하면 벌써 반은 성공한 거나 다름이 없습니다.

이 이야기를 통해 이해하셨으리라 생각합니다만, 일반적인 일에 있어서도 결코 그 업무 내용이 재미없을 리가 없습니다. 만약 지금 하고 있는 일이 재미없다고 생각하는 사람이 있다면 그것은 앞에서 열거한 항목 중 (2)이하의 조건을 충족시키지 못하는 경우가 많기 때문입니다. 보수가 적다든지, 권한이 주어지지 않는다든지, 성과가 인정되지 않는 등의 요인이, 원래는 재미있는 일을 재미없게 만들고 있는 것입니다.

중요한 것은 '고품질'

두 번째는 '일을 수행하는 데 충분한 원조와 설비가 있을 것'
암웨이 판매 포인트 중 하나로 '고품질의 상품'이라는 것이 있습니다. 이것은 암웨이가 단기간에 일본 시장에서 이만큼 발전할 수 있었던 열쇠중의 하나이기도 하고, 우리 IBO들이 비즈니스를 추진함에 있어, 원조와 후원이 되기도 합니다.

우리 IBO들 사이에서 '고품질'이라는 단어는 이제 당연한 것으로 받아들여집니다만, 나는 최근 일본공업신문에 실린 암웨이에 관한 소개를 읽고 그 상품의 수가 내가 현재 알고 있는 것보다 훨씬 더 많다는 사실에 무척이나 놀랐습니다.

자신이 몸담고 있는 회사의 상품수에 놀란 내가 바보같이 느껴졌지만, 새삼 암웨이의 방대함을 재확인할 수 있는 좋은 기회가 되었습니다.

나는 내가 '좋다' '대단하다'라고 느낀 것은 나도 모르게 사람들에게 말하고 싶어하는 성미이지만, '고품질의 상품'이라는 말은 아마 암웨이가 어떤 회사인지 궁금해하는 많은 사람들에게 있어서도 흥미를 끄는 내용이라 생각되어, 몇 가지 요점을 간추려 얘기하고자 합니다.

암웨이가 판매하고 있는 제품은 크게 4분야로 나눌 수 있습니다. 세제 등의 홈케어 제품, 화장품을 비롯한 퍼스널케어 제품, 조리기구 등의 하우스웨어 제품, 그리고 건강보조식품 등의 4가지입니다.

이 제품들은 미국 미시건주 에이다에 있는 암웨이 본사 공장에서 생산됩니다. 이 공장은 어마어마하게 큽니다. 우선 세계 80여개 이상의 국가와 지역에서 움직이고 있는, 암웨이 비즈니스를 지탱해 주는 제품을 만들고 있으므로, 그 정도의 크기는 당연하다면 당연한 것이겠지만, 주변 사람들은 이 길이를 '기적의 1마일'이라고 부르고 있답니다. 그렇지만, 실제로는 1마일보다 훨씬 더 긴 2Km가 넘습니다. 부지 면적이 156만 ㎡. 얼마나 넓은지 상상이 잘 안될 것입니다.

이는 도쿄(東京)돔의 26배라고 합니다. 이 공장 안에는 암웨이가 세계적으로 자랑하고 있는 '고품질의 제품' 을 만드는 비밀이 빼곡이 들어차 있습니다.

예를 들면, 홈케어의 대표적인 제품인 세제는 '고품질' 을 목표로 지역과 국가에 알맞게 만들어 낸, 섬세한 제품개발 노력의 결과입니다.

지역이나 나라에 따라 수질이 다르고 규제 또한 각각 다르기 때문입니다. 주력 제품인 세제가 세계 시장에서 높은 시장점유율을 획득하기 위해서는 역시 세계 각국의 수질 문제를 생각하지 않으면 안되는 것입니다.

암웨이에서는 파이프의 교환이나 스위치를 조절함으로써, 세계 각지의 물을 만들 수 있는 장치를 이용해, 세제에 대한 연구개발을 계속하고 있습니다. 이 기계만 있으면 런던의 물 뿐 아니라 스위스의 물, 일본 시골의 물도 만들 수 있습니다. 그러한 테스트를 거듭해 지역이나 국가에 적합한 제품을 생산해 내는 것입니다.

또한 장기간 판매 제품인 세탁용 세제 'SA-8' 하나만 해도 그 종류는 수십 가지에 이릅니다. 또한 이 세제는 생분해성(흙이나 수중의 미생물에 의해 최종적으로 물과 이산화탄소로 분해되는 것)으로, 공해도 거의 일으키지 않습니다.

그리고 홈케어 제품으로는 '암웨이 최대의 히트작' 이라 할 수 있는 정수기가 있습니다. 일본에서는 93년 9월에 판매가 시작되었는데, 1년에 20만대 이상이 팔렸습니다.

('2008년 일본 시장 40%점유')

'정수기라는 것은 다 똑같다'라고 생각하는 사람은 이곳을 10번 가량 반복해서 읽어 주셨으면 합니다. 정수기라는 것은 활성탄의 양으로써 성능이 결정되는데, 많은 회사들이 '우리 제품에는 이만큼 들어 있습니다'며 양(量)을 선전 도구로 하고 있습니다. 하지만 본체의 크기에는 한계가 있으므로 많다 적다 해도 뻔한 일입니다.

그러나 암웨이의 경우 압축이라는 방법을 쓰고 있습니다. 이 '압축활성탄 블록'은 그 완성까지 9년이나 소요된 암웨이 기술의 정수가 응축된 것으로, 이것을 사용함으로써 활성탄의 양을 비약적으로 증가시키고 질적으로도 한층 높은 성능을 발휘할 수 있게 되었습니다. 또한, 바로 이 점이 포인트인데, '자외선 램프'라는 부속품이 부착되어 바이러스나 박테리아를 죽일 수 있게 되어 있습니다.

현재 일본에서는 정수기에서 처리된 수중의 잡균 번식이 문제가 되고 있습니다만, 이 자외선 램프에 의한 파장 0.25미크론의 자외선은 이러한 바이러스나 박테리아, 미생물을 모두 깨끗이 죽입니다. 최근 일본의 모 회사가 암웨이의 흉내를 내 자외선 램프를 부착한 제품을 시판하고 있습니다만, 구조나 품질적으로 전혀 다른 것입니다.

암웨이에서는 이 정수기 개발로 압축활성탄 필터를 비롯, 전세계적으로 380개 이상의 특허를 획득했으며 약 430건의 특허를 출원중에 있습니다.

또한, 일찍이 94년 5월에는 미국 플라스틱공학협회로부터 표창을 받았습니다. 이것은 소비자에게 알맞은 우수 제품에 대해 주어지는 것으로, 매년 1개의 기업만이 이 영예를 차지할 수 있습니다. 이것만 보더라도 매우 권위 있는 상이라고 말할 수 있습니다. 그렇지만 내가 생각컨데, 암웨이는 이에 만족하지 않고 훨씬 좋은 디자인과 품질을 추구하고 있습니다.

안전과 안심을 전달하고 싶다

다음으로는 스킨케어 상품입니다. 예를 들어 그 중심이 되는 화장품에 있어서도 인종과 국가를 섬세하게 구분하여 제품을 개발하고 있습니다. 특히 일본 소비자의 눈은 까다롭기로 유명해서 일본 화장품 개발을 위한 전문팀을 따로 두고 있습니다.

암웨이에서는 스킨 케어 제품의 동물실험을 89년부터 전면 폐지하고 있습니다.

다른 기업에서는 이를 대신할 확실한 시험 방법을 쉽게 찾아내지 못해 별다른 진전이 없는 듯합니다만, 암웨이에서는 까다로운 일본 소비자로부터도 인정 받을 수 있는 획기적인 방법으로 스킨 케어 제품의 안전성을 점검하고 있습니다.

그 시험법은 세 단계로 나뉘는데, 우선 시험할 샘플 성분과 컴퓨터에 축적된 여러 가지 화학 성분의 안전성 데이터를 맞춰 보는 것입니다. 여기서 컴퓨터가 '안전합니다' 라는 메시지를 보내면, 이번에는 시험관 속에 동물이나 인간의 피부 세포를 살아 있는 채로 배양해서 그 샘플을 접촉시켜 독성이나 피부에 대한 자극성을 조사하는 것입니다.

그리고 확실히 안전하다는 답을 얻으면, 마지막으로 인간에 의한 시험으로 옮겨집니다. 이 시험은 건강한 사람의 등에 샘플을 3주간에 걸쳐 9회 동안 발라 이상을 느끼는지 어떤지를 조사하는 것입니다.

그렇지만, 일본인은 백인과 비교해 일반적으로 민감하기 때문에, 백인에게는 아무렇지 않은데 일본인에게 따끔거리는 경우가 있어 긴장을 늦추지 않는다고 합니다.

여성이라면 친구가 해외 여행 선물로 사다 준 화장품을 바르고 피부가 까칠까칠해진 경험을 해 본적이 있으리라 생각합니다.

하지만, 일본인을 위한 상품을 개발할 때에는 이 점들을 충분히 유의하고 있으므로 안심할 수 있습니다.

하우스케어 제품의 경우도 좋은 것이 무척 많습니다.

우리 집 부엌에도 암웨이 제품이 많이 있는데, 암웨이에서는 이들 상품을 위해 외부와의 공동 개발에도 정성을 다하고 있습니다.

몇 가지 예를 들면 독일의 헨켈사와 부엌칼을, 샤프사와는 전자(電磁)조리기를, HOYA와는 유리컵을 각각 공동 개발하고 있습니다.

좋은 것은 좋다고 인정하고, 적극적으로 받아들이는 기업자세가 잘 나타나 있습니다.

좋은 상품은 소비자를 위하는 마음에서 생겨난다

　마지막으로 건강보조식품에 대해서입니다. 나는 개인적으로 이것이 가장 대단하다고 생각합니다. 지금까지 나는 입에 침이 마르도록 '암웨이의 제품은 고품질'이라고 강조했습니다만, '고품질, 고품질하는데 어떤 고품질인가?'라며 아직 이해하지 못 하는 사람들에게 확실한 이해를 가져다주지 않을까 생각합니다.

　우선 원료입니다. 목장의 여왕이라고 불리는 알파파 등 연황색 야채의 에센스와 분말을 비롯해 아세로라 체리, 베타 카로틴, 각종 아미노산, 식물유 등, 모두 유기농입니다. 이것을 미국 캘리포니아주 워싱턴주, 멕시코, 브라질 등 4곳의 대농원에서 모두 무농약 친환경 농법으로 재배하고 있습니다.

　아세로라 체리는 그냥 아세로라라고도 불리우는데, 일본에서는 이것이 들어간 쥬스 등이 판매되고 있으므로 여러분도 잘 알고 있을 것입니다. 암웨이에서는 똑같은 아세로라이지만 재배법에 심혈을 기울여 좀더 맛좋고 비타민C가 풍부한 아세로라를 만들고 있습니다.

　그리고 지금 일본에서는 당근을 사용한 쥬스나 가공식품도 시장에서 많이 시판되고 있는데, 그 포인트가 되는 비타민이 베타 카로틴입니다.

　암웨이에서는 로스앤젤레스 근교의 Sultan Sea(소금의 바다)라 불리우는 염수호(鹽水湖) 부근에서 이 베타 카로틴을 양산하고 있습니다.

하지만, 당근에서 채취하는 것이 아니라, 농도 짙은 염수(鹽水)속에서 베타 카로틴을 잘 만드는 '듀날리엘라' 라는 해조를 증식시켜 그것을 채취하는 방법을 쓰고 있습니다.

'어째서 당근을 쓰지 않죠?' 라는 소박한 질문에는 이렇게 대답할 수 있습니다.

"그것은 당근 속에 있는 베타 카로틴은 그 양이 매우 적기 때문이니까."

2톤의 베타 카로틴을 추출하려고 하면 4억 1,700만개나 되는 당근이 필요하다고 합니다. 그렇다면 당근을 사용하기보다 암웨이에서 실천하고 있는 방법이 양적으로나 질적으로 단연 좋은 베타 카로틴을 얻을 수 있지 않겠습니까.

현재 세계에서 천연 베타 카로틴을 양산하고 있는 곳은 암웨이를 비롯하여, 호주와 이스라엘, 중국, 포르투갈등 극히 적은 나라에서 생산하고 있을 뿐입니다.

이처럼 원료를 만드는 방법에 애착을 갖고 생산하고 있다는 증거는, 암웨이의 건강보조식품을 전미 프로농구협회(NBA)가 공식적으로 인정하게 되었다는 사실입니다.

일본에서는 J리그 선수나 프로야구 선수, 씨름 선수들이 먹고 있다면 이 제품이 얼마나 좋은 것인지 알 수 있습니다.

물론, 나도 암웨이 비타민 제품을 매일 먹고 있습니다. '이것과 똑같은 것을 찰스 버클리가 먹다니…' 라고 생각하면 나는 너무 기뻐서 아는 사람들에게 문득 자랑하고 싶어집니다.

이러한 모든 것을 암웨이에서는 무농약으로 재배하고 있다고 말했습니다.

농약을 쓰지 않으면 보통 병충해나 잡초로 인해 수확량이 30%정도 감소한다고 하지만, 암웨이에서는 그러한 문제점이 전혀 없습니다.

우선 좋은 토양을 확보하기 위해 밭에 지렁이를 풀어 놓습니다. 지렁이라 해서 눈살을 찌푸릴 분들도 있을지 모르겠지만 이 놈을 깔보면 안됩니다. 특히 이집트 지렁이는 수직으로 구멍을 파는 습성이 있어, 이놈을 밭에 흩어 놓으면 흙 속으로 공기가 잘 통하게 되어 매우 부드러운 흙이 됩니다.

그리고 살충제 대신, 생물을 이용하여 해충을 없애는 방법도 있습니다. 무당벌레나 벌 등 해충을 잡아먹고 사는 익충을 늘리거나, 동식물에 무해한 박테리아를 이용하기도 하고, 올빼미나 박쥐의 도움을 얻기도 합니다. 박쥐는 한 시간 동안 600마리의 모기를 잡아먹는다고 하니 얼마나 귀한 존재입니까?

무농약 재배는 소비자에게도 다행스러운 일이겠지만, 재배하는 사람의 건강에도 좋고, 또한 토양도 보호할 수 있으니 얼마나 유익한 것입니까!

인간들은 자칫 자신들만이 살아 있는 존재라고 생각하기 쉽지만, 지구 또한 살아 숨쉬고 있습니다. 그리고 같은 지구상에 살고 있는 동식물의 생태계를 생각하는 마음도 필요하지 않겠습니까?

암웨이는 이러한 모든 점을 염두에 두고 상품을 제조하고 있습니다. 어떻습니까? 암웨이 상품의 무엇이, 왜 고품질인지 조금은 이해가 되셨습니까?

지구와 더불어 사는 기업

상품을 실제로 소비자에게 전달하고 있는 우리 IBO에게 있어서 모든 사람에게 자랑할 수 있는 멋진 상품이란, 기업에서 받는 최대의 지원입니다. 그것은 암웨이가 항상 기업의 위치를 향상시키고 이미지를 높이며, 그 지역의 일원으로서 사회에 공헌하고 있다는 사실입니다. 즉, 우리들이 소비자에게 암웨이의 상품을 소개할 때 '그래, 그 회사 제품이라면 틀림없어' 라는 말을 들을 수 있도록 신뢰를 쌓기 위해 노력하고 있습니다.

암웨이는 오래전부터 환경에 대한 영향을 고려해왔고 환경문제 해결에 도움이되는 상품을 개발하는데 앞장서 왔습니다.

환경보호에 대한 노력은 완제품은 물론, 제품의 연구, 개발, 포장, 사용후 처리 등 전과정에서 구체적으로 실천되고 있습니다.

세제 부분에서 잠깐 언급했지만, 환경 보호를 위해 공해를 유발시키지 않는 생분해성 세제를 59년도에 발매하기 시작했고, 무린세제도 61년부터 상품화했습니다.

일본의 회사들이 생분해성(85%)세제를 판매하기 시작한 것이 70년대에 들어서 부터이고, 무린세제는 73년부터였다는 사실만으로도 암웨이는 일찍이 환경 보호를 위해 힘써 왔다는 사실을 알 수 있습니다.

또한 78년이후 오존층 파괴의 주범인 에어졸 제품에 프레온 가스를 일체 사용하지 않고 있으며, 91년 미국 환경청의 33-

50 오염 방지 프로그램에 참여하여, 저장탱크 청소와 제품고안 시(검토)의 사용을 중지함으로써 부통령이 수여하는 해머상(Hammer Award)을 수상 하였습니다.

암웨이 최초의 제품인 LOC 다목적 세정제는 농축세제의 선구자 였습니다. 제품의 상당수는 농축제품으로 물로 희석하여 필요한 농도를 맞추어 사용하므로 기존 제품에 비해 사용기간이 길고 구입 횟수도 적어 결과적으로 플라스틱 용기 소모가 일반 제품에 비해 폐기물이 50~70% 적게 발생합니다. 또한 LOC는 다목적 세제로서 생분해가 가능한 계면활성제 성분으로 되어 있으며 인산염, 솔벤트, 부식성 물질이 전혀 포함되어 있지 않습니다. 암웨이에서 사용하는 모든 계면활성제는 생분해가 되는 것입니다.

암웨이는 플라스틱, 종이, 기타 폐기물의 재활용, 재수집, 재사용을 통해 폐기물 매립을 줄이는데 기여하고 있으며 플라스틱 재활용을 위해 제품이 담긴 250ml이상의 프라스틱 포장용기 밑바닦에는 삼각형의 화살표와 플라스틱 분류코드(SPI Code)를 명기하고 있습니다. 이 분류코드를 통해 재생업체들은 보다 쉽게 분류할 수 있어 재활용 역시 용이합니다.

포장에 쓰는 재료로, 환경오염의 원흉이 되는 발포스치로폴의 교체를 추진 했으며 제품을 상자에 넣을 때 사용하는 쿠션재로서 암웨이에서는 94년 여름부터 콘스타치(옥수수 전분)로 만든 '에코폼 피너츠' 라 불리는 쿠션재를 본격적으로 도입했습니다. 이것은 모양이 피너츠와 비슷하여 이렇게 이름 지어졌다고 하는데, 물에 녹아 미생물로 분해되어 옥외에 버려져도 자연적으로 소멸되는 것입니다.

그 외에도 리사이클 센터를 설치하는 등 92년에는 비영리 단체인 미시간 리사이클 연합으로부터 '리사이클상'도 받았습니다.

이처럼 항상 환경에 대한 배려를 빼놓지 않는 암웨이는 89년 6월에 '국련(國連)환경공적상'을 수상했습니다. 이것은 환경문제에 적극적으로 나서는 조직이나 개인에게 주어지는 것으로 매우 명예로운 상입니다.

'이런 상은 많은 기업들이 수상해야 하지 않나' 하는 생각에 왠지 마음이 씁쓸해지는 것은 나의 느낌만은 아닐 것입니다.

그런데 기업이라고 하면 기동력과 자금면에 있어 개인보다 훨씬 낫지 않습니까? 직접 하기가 귀찮다면 하다 못해,그런 단체에 기부를 하여 지원을 하는 등, 얼마든지 기여할 수 있는 방법이 있다고 생각합니다.

암웨이는 이밖에도 환경 보호에 대한 활동 자세를 평가받아 92년 '미국환경개발협회 우수상'을 수상했습니다. 이제 이 분야에서는 기업의 지도자적인 존재라고 말할 수 있지 않을까 생각합니다.

이야기가 그만 너무 길어져 버렸습니다. 끝으로 다시 암웨이의 발상지인 미시간주의 에이다로 돌아가서, 암웨이의 지역 공헌에 대해서 말씀드리고 다음으로 넘어가겠습니다.

에이다에 4개의 건물이 있는데, 이것이 암웨이와 지역과의 유대를 나타냅니다. 어느 정도 암웨이가 지역에 융화되어 있고 또한 사랑받고 있는지 잘 알 수 있는 곳입니다.

그 중 하나는 81년도에 오픈한 다이아몬드 네개의 최고급 암웨이 그랜드프라자 호텔입니다. 그리고 이 호텔에 인접한 컨벤션 센터의 모퉁이에 있는 디보스 호텔. 물론 리치 디보스 부부가 자금 지원을 했습니다. 또한 그 고장 출신의 제럴드 포드 전 대통령의 친한 친구인 암웨이의 두 창업자, 제이와 리치가 자금 조달에 협력하여 완성한 포드 기념관도 있습니다. 마지막으로 제이 밴 앤델 부부의 자금 지원으로 94년 11월에 완공된 밴 앤델 박물관이 있습니다.

암웨이가 기업이기는 하지만, 원래 제이와 리치 두 사람이 시작해 지금도 이들 두 가족이 중심을 이루어 활동하고 있는, 소위 패밀리 비즈니스입니다. 그러므로 더더욱 지역과의 유대를 중요시하고 있다고 생각합니다.

또한 종업원 한 사람 한 사람도 가족처럼 대하고 있습니다. 이는 그들에 대한 어떠한 설비와 원조도 아끼지 않는다고 할 수 있습니다.

필요한 것은 모두 있다

이제, '의미 있는 일의 조건'에서 세 번째 '정보가 충분히 제공될 것'이라는 조건에 대해 얘기해 보겠습니다.

아무리 멋진 일을 수행하려 해도 충분한 정보를 제공받지 못하면 사람들에게 보급할 수가 없습니다.

암웨이는 이 점에 있어서 아무것도 걱정할 필요가 없습니다. 왜냐하면, 암웨이의 일 자체가 애초부터 정보를 제공하는 것이기 때문입니다. '좋은 세제가 있다' 라든가 '라이프 스타일을 바꾸는 기회가 있다' 라는 정보를 직접 듣고 확인한 후, 이번에는 그것을 또 다른 사람에게 전달합니다. 이것이 암웨이이기 때문입니다. 미팅이나 랠리는 살아 있는 정보 매체입니다.

또한 멤버들 간에도 항상 정보 교환이 이루어지고 있습니다.

예를 들어 내가 지금 '이번에 암웨이에서 굉장한 정수기를 발매한다' 는 새로운 정보를 입수했다고 합시다. 그러면 나는 그 정보를 하루 이틀 사이에 100명에게 전달합니다. 나에게 그 얘기를 들은 사람은 '가오루씨가 이런 얘기를 했어요' 하고 수십 명의 다른 사람에게 전달합니다. 이런 식으로 필요한 정보는 눈 깜짝할 사이에, 그것도 정확히 멤버들에게 전달됩니다.

개별 정보의 전달에 있어서 암웨이는 어느 대기업에게도 뒤지지 않는 메리트를 가지고 있다는 것입니다. 정보 교환이 도중에서 끊기지 않는다는 것은 정말 마음 든든한 일 아니겠습니까?

다음은 네 번째 '권한이 충분히 부여될 것'

이것에 관해서도 전혀 염려할 필요가 없습니다. 암웨이를 한다는 것은 독자적으로 비즈니스를 시작하는 것이므로, 멤버들은 누구나 자신의 사업에서 전권(全權)을 장악하고 있습니다.

보통 기업에서는 사장이나 중역이 되지 않는 이상, 권한은 극히 제한된 부분밖에 부여받지 못합니다. 그 때문에 여러 가지

장애나 스트레스가 생기게 됩니다. 크게는 교섭의 결단에서부터, 작게는 자신의 유급 휴가를 언제로 할 것인가에 이르기까지 일반 기업에서는 자신의 생각이나 처지만으로는 도저히 안되는 일이 많이 있을 것입니다. 하지만 암웨이에서는 모든 것이 자신의 권한 아래서 이루어집니다.

그러나 반대로 아무도 일을 강요하거나 일정량의 일을 부과하지 않으므로 자기관리가 무척 중요합니다. 그 대신 자기관리를 철저히 하여, 열심히 일한다면 깜짝 놀랄 만한, 좋은 결과를 얻을 수 있다는 것이 암웨이의 흥미로운 부분이기도 합니다.

직접 판매의 이점

다섯 번째 '보수가 좋을 것' 입니다.

이것에 관해서는 누구도 이견이 없을 거라 생각합니다. 돈은 없는 것보다 있는 것이 좋으니까요.

암웨이의 일은 일정 궤도에 오르면 이상하게도 수입이 많이 늘어납니다. 경험해 보지 않으면 모르겠지만, 그것은 사실입니다.

그러나 암웨이에 대한 비판이 여기서부터 비롯된다는 것도 사실입니다. '상품을 팔아 이익을 내는 기본적인 상행위에 있어서 소매이익 외에 막대한 보너스 수입이 절대 있을 수 없다. 분명 어딘가에 뭔가 조작이 있을 것이다' 라는 것이 지금까지도 암웨이를 잘 모르는 사람들의 주장입니다.

조작이라는 것은 숨겨진 속임수를 말함인데, 암웨이에서 숨겨진 것은 없습니다.

마침 여기에 '제18기 중간사업 보고서'가 있습니다. 이것은 일본 암웨이의 1993년 9월 1일부터 1994년 2월28일까지 반년간의 매출과 이익에 관한 보고서입니다.

여기에 기록된 것을 숨김없이 그대로 알려 드리면, 반년 동안의 매출액이 781억, 경상이익이 208억, 중간이익이 108억이나 됩니다. 일반인이 보기에는 단순히 굉장한 액수로만 보이겠지만, 기업 결산으로 볼때, 터무니 없는 엄청난 돈을 벌어들인다는 사실이 일목요연한 숫자로 나타나 있습니다. 이것은 모두 직접판매의 특성이라고 해도 과언이 아닙니다.

아는 바와 같이, 일반 상품이 소비자의 손에 들어가기까지는 너무나 복잡한 유통 경로를 밟고 있습니다.

암웨이는 그러한 불필요한 과정을 완전히 없애고, IBO라는 소매 판매업자에게 직접 물건을 전달하므로, 통상 소요되는 유통 경비를 들일 필요가 없습니다. 이것만으로도 기업의 이익은 엄청나게 늘어나는 것입니다.

게다가 일반 점포에서 판매되는 상품은 광고와 선전을 합니다. 수없이 많은 경쟁자들 속에서 자회사의 상품을 팔기 위해, 광고와 선전은 불가결한 것이고 여기에 또한 막대한 비용이 듭니다. 그러나 암웨이 상품은 점포에 진열하지 않으며, 광고나 선전 비용도 필요치 않습니다. 이익이 생기고, 불필요한 지출이 없다면 돈이 모인다는 사실은 너무도 당연한 이치입니다.

그리고 벌어들인 이익을 회사가 모두 차지하는 것이 아니라, 회원들에게 보너스로 환원시키거나, 연구와 설비투자에 쓰기도 합니다. 또한 공공단체에 기부하거나 지원하는 형태로 사회에 환원하기도 합니다.

하지만 암웨이의 보수는 '돈'에만 그치지 않는다는 것이 나의 솔직한 느낌입니다. 분명, 돈은 중요한 것으로 많이 받을수록 좋지만, 그보다 이 비즈니스는 사람에서 사람으로 전해 가는 사업으로, 신뢰할 수 있는 많은 친구를 얻을 수 있다는 것입니다. 이것 또한 큰 보수라고 생각합니다.

또 하나, 제약(制約)이 적다기보다는 거의 없다고 할 수 있는 이 비즈니스는 모든 사람들에게 '여유 시간'을 제공해 줍니다. 일반적인 일의 경우, 열심히 일하는 사람일수록 바쁘고 시간이 꽉 짜여져 있기 때문에, 가족이 희생되는 경우가 적지 않으며, 또한 개인적인 시간도 좀처럼 갖기가 힘들다고 합니다.

하지만 암웨이 사업에만 전념한 사람들은 이구동성으로 '가족과 지내는 시간이 늘었다.'고 말합니다.

수입과 좋은 친구와 시간이 풍족한 일을 함으로써, 자기 자신이 점점 더 성장할 수 있는 것입니다.

그 실례는 다음 장에서 몇 가지 소개해 드리겠지만, 어쨌든 암웨이 사업으로 성공한 사람들은 자신이 한층 더 커졌다는 사실을 실감하고 있습니다. 이것 역시 고마운 일 아니겠습니까?

암웨이에서 얻을 수 있는 것은 money rich, friend rich, time rich의 3가지. 인생을 보다 멋지게 살아갈 수 있는 최고의 조건들이 갖추어 지는 것입니다.

세계에서 하나뿐인 비즈니스

여섯 번째 '특수 기능을 향상시킬 기회가 있을 것'이라는 것도 암웨이에서는 여러 측면에서 실감할 수 있습니다.

우선 비즈니스를 통해 얻을 수 있는 것으로써, 의사 발표를 잘 할 수 있다는 점입니다.

나의 체험을 말하자면, 암웨이를 시작할 무렵 나는, 잘 아는 사람에게는 이 비즈니스를 쉽게 전달했지만, 잘 모르는 사람 앞에서는 설명이 무척 서툴렀습니다. 그 때문에 약속을 어기고 설명회장을 빠져 나온 적도 여러 번 있었습니다.

그러나 점점 횟수를 거듭함에 따라 남들 앞에서 얘기하는 것도 익숙해져, 지금은 몇 천명, 아니 몇 만명 앞에서도 아무렇지 않게 강연을 할 수 있게 되었습니다.

초창기 무대에 설 때, 무릎을 부들부들 떨었던 사실이 마치 거짓말처럼 여겨집니다.

이에 익숙해지면, 어디를 가도 긴장하지 않고 사람을 접할 수 있고, 그 결과 멋진 사람과도 사귈 수 있습니다. 결국 낯가림을 하는 나로서는, 이것이 마치 특수 기능인 것처럼 느껴집니다.

이런 기회는 일반 직업에서 좀처럼 경험할 수 없습니다.

또한 상품을 통해 건강이나 미용, 요리, 그 외의 생활에 있어서도 지혜를 습득할 수 있었던 점은 빼놓을 수 없는 메리트입니다.

암웨이의 상품은 모든 것이 최상품이므로 사람들에게 소개할 때 별로 염려할 바는 없지만 상품을 추천할 경우, 실제 사용해

본 후 권하기 때문에 축적되는 상품지식과 실제 체험은 상당한 수준이라 할 수 있습니다.

하지만, 이런 특징들은 암웨이 이외의 비즈니스에서도 얻을 수는 있습니다. 암웨이를 함으로써 얻을 수 있는 최대의 특수기능은 꿈을 가진다는 것, 그리고 남을 먼저 생각할 줄 아는 미덕을 습득할 수 있다는 것을 확신합니다.

일곱 번째 '안전할 것'

비즈니스의 안전이란, '어느 정도의 위험이 뒤따르는가'로 따질 수가 있습니다.

예를 들면 샐러리맨을 그만두고 새로운 사업을 시작하게 되면 웬만한 위험은 책임져야 한다는 사실은 누구나 예측할 수 있습니다. 그래서 독립을 원하면서도 곧바로 실행에 옮기지 못하는 사람들이 많습니다. 암웨이비즈니스는 '노 리스크, 잡 마진(안전, 수익)'이 특징이므로 이 조건에 관해서는 거의 완벽하다고 해도 좋을 듯합니다.

'안전'이라는 것은 바로 위험이 없다는 것입니다. 당신이 뭔가 새로운 비즈니스를 시작함으로 인해 당신이나 주변 사람들이 나쁜 감정을 가진다거나 불행해진다면 그것은 '안전'이라고 말할 수 없습니다. 이런 위험이 전혀 없는 것이 암웨이입니다.

또한 개개인의 사정이나 계획에 따라 다양한 인간관계가 형성되고, 성공하는 사람은 있어도 실패하는 사람은 나오지 않습니다. 이런 비즈니스는 온 세상을 다 뒤져도 달리 없을 것이라 생각하는 것은, 나의 편견만은 아니리라 생각합니다.

최고의 업무 조건은 '자유일 것'

의미 있는 일의 마지막 조건은 '성과가 인정될 것'입니다.

이것은 일본에만 국한되지 않습니다. 특히 일본의 회사는 조직이 움직이기 때문에 개인의 재능이나 노력이 인정되기 힘든 풍토가 만들어져 있습니다. 그러나 암웨이에서는 특별한 '보너스 제도'로 누구에게도 불만이 나오지 않는 완전한 '실적 평가 시스템'을 구축하고 있습니다.

이 시스템이 얼마나 완전한지에 대해 흥미를 가지신 분이라면 암웨이 관련 책자나 나의 이전 책을 참고해 주시기 바라며 여기서는 생략하도록 하겠습니다.

지금까지 의미있는 일의 조건들에 대해 설명했습니다.

그런데 나까지마 가오루의 개인적인 생각에 이것만으로는 좀 불완전한 느낌이 듭니다.

진정으로 '의미 있는 일'에는 또 한 가지 중요한 조건이 필요하다고 생각합니다. 그것은 바로 '자유'입니다.

자유가 앞의 여덟 가지에 덧붙여진다면 정말로 완벽한 비즈니스가 되지 않겠습니까? 그리고 내가 제일 좋아하는 것도 이 '자유'입니다.

내가 암웨이를 선택한 것도 자유가 가장 큰 이유가 됐습니다. 그리고 옆에서 나를 지켜보는 사람들은 내가 매우 바쁠 거라고 생각하겠지만, 자유롭게 좋아하는 일을 하기 때문에 스트레스도 쌓이지 않고, 싫다는 생각도 전혀 들지 않습니다.

하루종일 스케줄이 꽉 짜여져 있어도, 그것은 모두 내가 결정한 '하고 싶은 일' 뿐이므로 싫은 느낌은 전혀 없습니다.

말하자면 자기가 자기 인생을 만들어가는, 오더 메이드 인생 (주문형 인생)이라고도 말할 수 있겠죠.

나는 일전에 업무차 홍콩에 다녀왔습니다.

그때 풍수(風水)에 대해 잠시 공부할 기회가 있어 홍콩 은행과 중국 은행 등 풍수를 근거로 하여 세워진 건물도 몇 군데 둘러보았습니다.

풍수라는 것은 좋은 운세를 위한 환경학으로, 현재 홍콩에서 활약하고 있는 사람들은 모두 풍수사상을 건축에 받아들이고 있다고 합니다.

별자리나 12간지에 의한 점성술보다는 덜 익숙하지만, 일본 풍수지리설의 역사는 매우 오래 되었다고 합니다. 도쿠가와 이에야스도 풍수사상을 바탕으로 에도땅에 막부를 세웠다고 합니다. 좀더 깊이 공부하다 보면 제법 재미있을 듯한 학문입니다. 하지만, 그때 내가 생각한 것은 '풍수는 인간의 운세는 바꿔도 운명은 바꿀 수 없을 수도 있다' 는 것입니다.

하지만 '암웨이라면 둘 다 바꿀 수 있다' 고 생각했습니다.

그것은 바로, 스스로 자신의 길을 정할 수 있는 비즈니스이기 때문입니다.

암웨이는 타인에 의해 좌우되지 않는 비즈니스입니다.

자기가 할 수 있는 일을, 최선을 다해 쉬지 않고 열심히 한다면 자신의 목표에 도달할 수 있는 일입니다.

이러한 이치는 아마 흔치 않을 것입니다.

암웨이는 그 존재나, 걸어온 과정, 추구하는 목표가, 정말 기적과 같은 회사라고 생각합니다. 하지만, 그 기적을 일으키는 것은 다름 아닌 당신 자신입니다.

만약 기회가 있다면, 조금이나마 자신의 인생에 기적을 가져다주기를 바라는 바입니다.

3장
☆☆☆

자신이 성장하는 비즈니스

첫걸음은 라이프 스타일의 변화에서

암웨이를 하면 사람이 변한다. 이것은 나를 비롯한 암웨이 멤
버라면 똑같이 공감하고 있는 말입니다. 또한 자신이 좋은 방향
으로 바뀌어 가고 있음을 느낄 것입니다. '이렇게 됐으면 좋겠
는데…' 하고 바라는 자신의 모습과 현실에 점점 가까워질 수
있다는 것입니다.

예를 들어 좀더 많은 수입을 원하는 사람은 수입이, 좀더 건
강해지기를 원하는 사람은 건강이, 좋은 친구를 만나고 싶어하
는 사람에게는 친구가 생깁니다. 이 비즈니스는 이런 불가사의
한 효력을 갖고 있습니다.

얼마전, 아버지 제사 때문에 오랜만에 귀향했을 때 일입니다.
어머니께서 '목욕은 다섯 사람까지만 해라' 하고 말씀하셔서 이
상하다고 생각했습니다. 나는 그 말이 이해가 되지 않았습니다.
어째서 목욕을 다섯 사람밖에 하지 못한단 말인가. 언제부터 정
원제가 되었나. 나는 뭔가 납득이 되지 않는 일이 생기면, 그것
이 해결될 때까지 집요하게 파고드는 성격으로 어머니께 되물
었습니다.

"왜요? 그게 무슨 말이에요?"

"모르겠어. 요즘 더운물이 잘 안 나오는구나"

"그래요? 불편하셨겠네요?"

"그렇진 않아. 평소에는 별로 더운물을 쓸 일이 없잖니?"

"그래도 수리를 하는 게 좋겠어요"

나는 어머니께 수리비로 300만엔을 드리고 돌아왔습니다.

얼마 후, 도쿄(東京)에 있는 내게 어머니로부터 전화가 걸려 왔습니다.

"목욕탕 수리는 그만두기로 했단다"

"왜요?"

"보기가 흉해서"

"뭐가 보기 흉한데요?"

"헌집에 목욕탕만 깨끗하면 오히려 이상할 것 같다는 생각이 들어서"

결국 대화는 집 개축으로까지 진행되었고 나는 4천만엔을 어머니께 드려야 하는 상황에 이르고 말았습니다.

목욕탕 수리에 4천만엔의 출자. 예전의 나였더라면 이렇게 많은 돈이 드는 일, 그것을 해결할 힘, 그 어느 것도 상상할 수 없는 일이었습니다. 만약 암웨이를 하고 있지 않았다면 이것은 더더욱 불가능했을 것입니다.

나뿐만 아니라 암웨이사업으로 성공의 대열에 있는 사람이라면, 약간씩의 차이는 있겠지만 대부분 이런 체험을 가지고 있을 것입니다. 내집 마련으로 고민하고 있다가 별장을 갖게 되고, 도쿄(東京)의 복잡한 거리가 싫어서, 동경해 오던 홋까이도(北海道)에 호화로운 저택을 짓게 된 경우가 그 대표적인 예입니다.

보통 사람이 이런 이야기를 들으면, 벼락부자가 된 것이라 생각할지도 모르겠으나, 내가 말하고 싶은 것은 돈 문제가 아니라 암웨이에는 생활 모습을 바꾸게 하는 강한 힘이 있다는 것입니다.

내게는 누나가 두 명 있는데, 두 명 모두 시마네(島根)라는 시골에 사는 주부였습니다.

시골에서 살아본 사람이라면 누구나 그곳의 생활폭이 대단히 좁다는 것을 알 수 있을 것입니다. 가까운 중소도시에도 좀처럼 나가기가 쉽지 않으니, '오늘 히로시마(廣島)에 간다' 는 말이 마치 장거리 여행이라도 가는 듯한 느낌이 들 정도였습니다.

그런 누나들이 암웨이를 한 후부터 행동반경이 넓어져, 도쿄는 물론이고 점차 외국으로까지 여행을 가게 된 것입니다.

만나는 사람도 달라지고, 사물을 보는 눈과 사고방식도 달라졌습니다. 멋쟁이 여성들의 생활 방식도 적극적으로 받아들여, 지금의 누나들은 동생인 내가 보아도 '멋지다' 고 생각될 정도로 변해 버렸습니다.

매형은 당시, 손해보험 대리점을 운영하면서 회사에 근무하는 겸업 사원이었는데, 누나의 권유로 암웨이를 시작하게 되었습니다.

얼마 후 손해보험 대리점, 회사 월급, 암웨이 3곳의 수입을 비교해 보았는데, 암웨이 수입이 월등했기에 두 가지 일을 그만두고, 암웨이에만 전념하게 되었다고 합니다.

그 매형이 나에게 이런 말을 했습니다.

"수입이 증가한다는 것은 단순히 돈이 생긴다는 것이 아닌 생활 모습이 바뀐다는 것이다"

바로 이것입니다. 일본인에게는 옛날 무사(武士)의 전통 때문인지, '돈, 돈 하지 말라' 는 금전 결벽증이 있습니다.

하지만 우리는 지금, 그 얘기를 하는 게 아닙니다. 단지 자기가 바라는 생활을 하고 싶다는 것뿐입니다. 그리고 암웨이라면 그런 생활을 가능하도록 할 수 있다는 것입니다.

발전하고 싶다면 지금 상태에서 뭔가 달라질 필요가 있습니다. 그 첫걸음이 생활 태도의 변화입니다. 수입이 증가하면, 자연히 생활 모습은 바뀌기 마련인데 암웨이는 수입의 수준에 맞춰, 어느새 인간성의 수준까지도 높아지게 합니다.

알기 쉽게 이야기하면, 처음에는 고집도 세고, 그늘져서 성격상 어딘가에 문제가 있던 사람도 암웨이에서 성공하면 생활이 풍족해지고 남을 이해할 줄 알며 밝은 사람이 된다는 것입니다. 사실 암웨이뿐만 아니라, 인간은 역시 자신을 업그레이드시켜 주는 일을 해야 하고, 본래 일이라는 것은 그런 것이어야 하지 않을까 생각합니다.

좌절도 고통도 인생의 양식이 된다

여기, 내 주변에 암웨이 비즈니스를 하고 있는 동안, 처음에 조금 문제가 있던 성격이나 생활 태도가 차츰 나아져 간 몇 가지 예를 소개할까 합니다. 아니 소개라기 보다는 거의 폭로에 가까운 것이겠지만, 그런 형편없는 과거가 있었기에 지금의 멋진 그들이 존재하는 것이므로 나름 의미가 있는 과거라 생각합니다.

먼저, 야마다 테쯔야라는 한 남자의 이야기입니다.

그는 이제 곧 더블 다이아몬드DD라는 핀 레벨을 달성하려는 사람으로 암웨이에서는 물론, 아주 성공한 사람 중의 한 사람입니다. 그는 너무나 가난한 상태에서 암웨이를 시작했습니다.

얼마나 궁핍했는가 하면, 우선 계약을 할 때 지불할 8천엔이 없어 다른 사람에게 빌렸습니다. 계약을 한 후에도 제품을 구입할 돈이 없어서, 이것도 빌려서 구입했습니다. 미팅을 하고 난 다음 다같이 차를 한잔하러 가게 되었는데, 커피 값조차 없어 또 빌려야 했습니다.

게다가 회의를 겸한 식사를 하게 되었는데, 모두가 식사를 하고 있을 때, 돈이 없어, 자신은 '배가 고프지 않다'며 커피만 마시고, 그 커피값 마저도 빌려야 했습니다.

거짓말 같겠지만, 이 모두가 사실입니다. 이렇게 돈이 없었던 그는 처음에 열심히 세제를 팔아 소매이익을 벌어서, 그 돈으로 활동을 해야 했습니다.

이런 가난 속에서 자신의 일도 벅차, 남의 일에 신경 쓸 여유가 없었습니다. 당연히 네트워크를 만들어도 남의 꿈을 이뤄 줄 여력이 생길 리 없었습니다. 그가 리더로서 자신을 발견하고 자신의 돈보다 멤버들의 일에 신경 쓰기 시작한 것은 그로부터 어느 정도 시간이 지나서의 일입니다.

그가 그토록 가난했던 데는 확실한 이유가 있었습니다. 그것은 우선 가정 사정이 복잡했던 까닭입니다.

본가는 마찌다의 마루이 근교에 있는 세토 토산물 점이었는데, 여기가 얼마나 입지조건이 나쁜가 하면, 마돈나의 콘서트홀 옆에서 아마추어가 기타를 치며 노래하고 있는 형상이라고 말하면, 도쿄근교 이외에 살고 계시는 분들은 미루어 짐작할 수 있으리라 생각됩니다.

그곳에 그의 어머니가 후처로 들어갔는데, 본가 할머니와 마음이 맞지 않아 항상 분쟁이 끊이지 않았습니다.

게다가, 여동생도 그런 분위기가 싫다며 집에 있는 날이 많지 않았습니다.

가정이 이처럼 어둡다 보니 집을 나와, 오전에는 아르바이트를 하고 밤에는 영어 전문학교를 다녔습니다.

그러던 어느 날, 친구에게 중고차를 빌려주었는데, 그 친구가 사고를 내어 손해보상 책임이 자신에게 돌아오게 되었습니다. 그에게는 어느 때 보다 절실하게 돈이 필요하게 되었습니다.

이런 생활이 계속되는데도 성격이 삐뚤어지지 않았다면 오히려 이상할 것입니다.

그가 이 비즈니스를 처음 시작했을 때 인상은, 누구에게 물어보아도 '말이 없고, 낯가림을 잘하며 어둡다' 고 말했습니다. 그는 당시 안경을 쓰고 있었는데, 그 때문에 더 기분 나쁜 인상을 주었다고 합니다.

그 당시 그의 사진을 보면 지금과는 너무나 달라, 그 사진을 본 사람들 모두가 야마다씨인지 못 알아볼 정도입니다.

그런 그가 어떻게 점점 인간적으로 변할 수 있었는가 하면, 원래 본성이 좋은 사람이었다는 점입니다.

인간은 원래 제멋대로이긴 하지만, 그는 암웨이를 하기 전에 너무나 많은 고생을 했기 때문에, 그만큼 인간적인 면은 갖춰져 있었다고 말할 수 있습니다. 그리고 실수를 했을 때, '남자가 그럴 수도 있지' 하며 의욕을 북돋아 주는 좋은 친구가 곁에 있었다고 합니다.

암웨이 비즈니스는 노력한 만큼 되돌아온다는 것도 깨달았답니다!

말하자면, 열심히 하면 좋은 결과가 나온다는 사실이 매우 즐거운 자극이 되어, 더 열심히 해야겠다는 의지로 이어진 것입니다.

그는 레벨이 높아지고 표창을 받을 때마다 자신감이 생겨서, 더 높은 곳의 목표를 세우고, 주위 사람들의 꿈을 위해 도와줄 여유도 생기게 된 것입니다. 그런 의미에서 그는 아주 좋은 시기에 암웨이와 만나게 되었다고 말할 수 있습니다.

야마다씨는 과거에 가난했던 만큼 인간적인 고통과 아픔을 알고 있습니다. 그리고 그 쓰라린 경험을 자신의 힘으로 극복해 낸 강인함을 갖고 있었기에, 참으로 상냥하고 착한 사람일 수 있었습니다. 강한 것에 상냥하기보다는 강하기 때문에 상냥한 것입니다.

자신의 불행을 그저 한탄만 한 채, 불평 불만을 일삼으며 벗어나려 노력 하지 않는 사람은 마음이 약할 수밖에 없습니다. 때문에 자신을 지키기조차 힘겨워 남의 일에 마음을 쓸 여유가 없습니다. 이러한 의미에서 참된 상냥함이야말로 진정 강한 것이라 생각됩니다.

나는 야마다씨의 이제까지 이야기를 들은 후, 좌절이란 별거 아니라는 생각을 하게 되었습니다. 분명 좌절을 모르는 좋은 환경이나, 좌절을 맛보지 않고 사는 엘리트 코스도 그 나름대로 좋은 점이 있겠지만, 그것보다 더 중요한 것은 비록 좌절을 하더라도 그것을 극복할 수 있는 강인함을 갖는 것과, 그렇게 했음에도 쓰러지려 할 때 의지할 수 있는 좋은 친구를 갖는 것이 아닌가 합니다.

인생에 있어서 중요한 것이 무엇인가를 지금 야마다씨는 알고 있습니다. 이제는 그것을 주위 사람들에게 전해 주었으면 합니다.

진정한 '배려'를 배울 수 있다

인간이 발전하는 이유 중의 하나는 남의 일까지 생각해 주며 살아가는 배려가 있기 때문이라 할 수 있습니다. 대부분의 사람들은 남을 생각해 주는 마음을 갖고 있으나, 그것을 표현하고, 행동으로 보여주는 사람은 별로 없습니다. 진정한 배려가 어떤 것인가에 대해, 리치 디보스는 〈더불어 사는 자본주의〉에서 이렇게 쓰고 있습니다.

"내가 좋아하는 만화 중에 '피너츠'라는 것이 있는데, 이 중에 특히 인상에 남는 장면은 어둡고 폭풍우가 몰아치는 밤, 스누피가 눈이 쌓여 있는 개집에 웅크리고 있다.

루시는 그 강아지가 배고픔과 추위에 떨고 있는 것을 보고 측은한 생각이 든다.

'메리 크리스마스 스누피'라고 그녀는 눈보라 속으로 외친다. 그리고 따뜻한 난로가로 돌아와 핫 초콜릿을 마시며 라이너스에게 말한다. '불쌍한 스누피' 라이너스도 스누피를 보고 불쌍한 생각이 들어 코트와 벙어리장갑을 끼고 따뜻한 칠면조 고기가 담긴 접시를 들고 나간다.

루시와 라이너스 모두 불쌍하다는 생각은 같았으나, 행동으로 옮긴 것은 라이너스 였다.

스누피는 기뻐서 눈 속을 뛰어다닌다.

이것은 남을 위하는 행동은 남을 위해 주는 마음에서 비롯된다는 것을 말해 준다.

만약 라이너스가 음식 접시를 내던지며, '이 얼간아! 네가 먹을 것 정도는 어떻게든 스스로 해결해야 될 게 아냐. 정말 싫어지는 구나' 라고 말했다면 어땠을까.

이런 냉담하고 무자비한 취급을 당한다면, 스누피는 음식을 무시하고, 웅크린 채로 더욱 더 절망했을 것이다. 구원의 손길을 뻗치면서 싫어하는 기색을 보인다면 그것을 누가 기쁘게 받아들이겠는가?

의무감으로 뭔가를 한다는 것이 꼭 나쁘다고만은 할 수 없다. 하지만 그것은 배려와는 다르다.

배려라는 것은 누군가를, 또는 뭔가를 불쌍하게 생각하여 그의 괴로움과 가능하다면 그 원인을 없애려고 행동하는 것이다. 배려 있는 행동은 배려하는 마음에서 생겨난다. 배려는 감정과 행동의 양면적인 것이다"

배려는 감정과 행동이 함께 어우러졌을 때 비로소 모양을 갖출 수 있는 것입니다. 그러나 루시는 배려를 단순한 감정이라고 생각하여, 불쌍하다고 느끼긴 했지만 그것을 이야기만 했을 뿐, 실제로 행동으로 옮기지는 않았습니다.

자신으로서는 아무것도 할 수 없다고 생각하고 있었기 때문일까요? 그러나 라이너스가 행동으로 옮겼음을 볼 때, 루시도 할 수 있었던 일임에 틀림없습니다.

실제 현실에서는 압도적으로 많은 사람들이 루시와 같은 모습으로 살아가고 있습니다.

인간은 타인에 대해 여러모로 생각하고 있다 하더라도 생각만 할 뿐, 자신은 그 사람에게 아무런 도움도 주지 못한다고 생각하는 사람이 많습니다. 그러나 암웨이 비즈니스에서는 자신이 그 사람에게 도움을 주거나 그 사람을 위해 뭔가를 해줄 수 있다는 데에 한 가지 의미가 있습니다. 경제적으로나 정신적으로 또는 어떤 형태로든 뭔가 도울 수 있습니다.

보통 사람이라면 남을 부자로 만들어 준다는 것은 불가능한 일 입니다. 그러나 암웨이에서는 이것도 가능합니다. 그리고 그 과정을 함께 체험할 수 있습니다. 그 결과가 자신과도 관계가 있으므로 더욱 사람들에게 손길을 뻗고 싶어하는 것입니다. 때문에 점점 자신이 변해 감을 느끼게 되고, '변하고 싶다, 변하지 않으면 안된다' 는 의식이 도출되는 것입니다.

바꾸고 싶은 '현재' 라면 바꿔야 한다

지금 자신이 처해져 있는 상황을 어떻게든 바꾸고 싶다는 생각은 때때로 굉장한 힘이 됩니다.

여기, 그런 힘을 멋지게 성공의 힘으로 바꿔, 이혼까지 생각했던 가정 환경조차도 바꾸어 버린 한 여성의 이야기를 하고자 합니다.

그녀의 이름은 모또하시 노부꼬로, 나와 같은 맨션의 4층에 살고 있습니다. 이 맨션 주인의 딸입니다.

노부꼬씨는 연애 결혼을 하여 자식을 낳아 키우고 있었는데, 어느 날 갑자기 남편과 살 마음이 없어져 이혼을 심각하게 고려하던 때가 있었습니다.

노부꼬씨에 따르면 '온화하고 편안한 느낌이 좋아, 결혼을 했다'고 합니다.

그런데, 살다 보니 예상과는 크게 달랐다는 것입니다.

"그런 징후는 신혼여행 때부터 있었어요. 열차에서 남편은 창가, 나는 통로 쪽에 앉아 있었는데, 추워서 '여보, 미안하지만 창문 좀 닫아 주시겠어요?' 라고 말했더니 '당신이 뭔가 입으면 되잖아' 라고 하지 않겠어요?"

시작은 이러했지만 그럭저럭 풍파를 일으키지 않고 몇 년간 살고 있었는데, 제2차 석유 파동으로 남편 회사가 기울어지게 되었습니다. 아이가 태어난 후 2달쯤 지났을 때 일입니다.

어느 날 밤 멍하니 TV를 보고 있는 남편 모습에서 뭔가 문득 이상하다는 기분이 들어, '무슨 일이 있었어요?' 라고 물었더니 남편은 여느 때와 같은 태평스런 어조로, '별일 아니야. 단지 이번 달부터 월급이 없을 거야' 라고 하는 것이었습니다.

별일이 아니라니, 이런 중요한 일을 아내가 물을 때까지 말하지 않는 남편이 있다니…

그 충격으로 멍해졌던 노부꼬씨가 감정을 억제하며, "그래요? 그러면 다른 직장을 찾아봐야겠네요?"

"이제 근무하는 건 싫증도 나고, 직접 뭔가 해보고 싶은데…"

그리고 그는 침실에서 커피숍을 경영하는 방법이 실린 책을 가지고 왔다고 합니다.

"그래요? 그럼 당신이 경영을 한단 말이죠?"

"그래. 그렇지만 나는 손님 상대하는 걸 좋아하지 않잖아. 그러니 그건 당신에게 맡길게"

그리고는 부모님을 보증인으로 은행에서 돈을 빌려, 커피숍을 시작했던 것입니다.

노부꼬씨는 하루에 15시간 영업, 연중무휴라는 힘겨운 일을 필사적으로 해내며 도합 2개의 점포를 소유, 잡지 기사에도 멋진 커피숍으로 소개되었습니다.

보통 이쯤 되면 대부분이 기뻐하겠지만, 노부꼬씨는 매우 불만이 많았습니다. 남편은 여전히 손님 상대하는 걸 싫어했고, 특히 단골손님을 싫어했다고 합니다.

경영자는 남편인데도 부담은 거의 노부꼬씨의 몫이었습니다. 게다가 이러한 고생을 하며 알게 된 사실은, 커피숍으로 번창하기보다는 돈을 벌지 못한다는 것이었습니다.

알뜰히 꾸려 나가도 두 사람에게 돌아오는 이익(월급)은 30만엔이 고작이었습니다.

"바쁘기만 한, 하루하루. 이런 허무한 인생을 이대로 평생 계속해야만 하나"

그런 노부꼬씨 앞에 어느 날 '암웨이를 아세요?' 라고 하는 사람이 나타났던 것입니다. 눈치 빠른 노부꼬씨는 암웨이 비즈니스의 멋진 가능성을 단번에 깨달았습니다.

그 후 커피숍을 운영하면서 암웨이 비즈니스를 함께 했는데, 놀랄만한 부수입을 얻을 수 있었습니다. 남편은 싱글벙글 좋아하며 어쩔 줄을 몰랐습니다.

그러나 노부꼬씨는 '좋아할 일만은 아닐걸' 이라는 생각을 하며 콧방귀를 꼈습니다.

'싫어하는 일, 귀찮은 일은 전부 나에게 미루고…. 두고봐, 암웨이 비즈니스로 열심히 돈 벌어서 모두다 가지고 도망쳐 버려야지. 너한테는 단돈 한푼도 줄 수 없어'

어느 정도가 되면 도망치겠다는 계획이 있었는지 모르겠지만, 예상보다 대단히 빠른 시기에 목표 금액을 달성한 노부꼬씨는 도망친다는 계획을 실행하지 않았습니다.

"왜 도망치지 않았냐구요? 사업을 시작한지 1년째, 플레티늄 직급이 되었을 무렵일 거예요. 이 사업은 매우 건전하기에, 부부가 함께 하는 형태로 다른 사람들에게 전하고 싶다는 생각이 들었던 거예요. 그래서 결국 커피숍을 그만두고, 그때부터 남편과 본격적으로 함께 일하기 시작했습니다"

행복도 불행도 자신의 것

참을성 강하고, 의지력 강한 노부꼬씨는 커피숍을 성심 성의껏 열심히 운영하였으나, 결과는 아무것도 없었습니다. 하지만 암웨이 사업의 서곡에 도움을 주었기에, 전혀 보람 없이 끝난 것은 아니라고 생각합니다.

"결국 문제는 남편의 성격에 있었던 것이 아니라, 생활 태도에 있었던 거예요. 나는 남편의 느긋함이 좋았었는데, 그건 돈이 많고 생활에 여유가 있을 때는 모르겠으나, 결혼해서 아이가 생기고, 빠듯한 수입으로 가정을 이끌어 나갈 때, 느긋하기만 하다면 문제겠지요.

남편은 돈이 없어도 골프를 칠 정도로 무신경했기 때문에, '어째서 이렇게 돈이 없는데도 골프를 칠 수 있을까' 하고 나 혼자서 안절부절못할 뿐이었죠.

나는 돈 때문에 내 신경이 불안정해지는 게 무척 싫었어요. 그렇게 생활이 싫어진 이유를 전부 남편 탓으로 돌리고 있었던 거죠. 그래서, 그때 정말로 이혼했다 하더라도 내 생활이 밝아지지는 않았을 거라고 생각해요.

그때와 지금을 비교해서, 내 모습의 가장 큰 변화라면, 인생을 남의 탓으로 돌려 나쁘게 생각하지 않게 됐다는 점이에요. 예전에는 불행하면, 누군가의 탓으로 불행하다고 생각했었지만 지금은 달라요. 불행하게 되는 것도, 반대로 행복하게 되는 것도, 그것이 다른 누군가의 탓이 아닌, 전부 자신의 잘못, 자신의 노력 덕분이라 생각해요"

이렇게 말하는 노부꼬씨는 암웨이를 하고 난 후에야, 자신이 성장했음을 솔직히 실감하고 있다고 말합니다. 이전에는 먼저 어떻게든, 자기 중심으로 사물을 생각하려는 경향이 있었는데 반해, 지금은 남을 우선으로 생각하게 되었다는 것입니다.

터무니없는 거짓말이라 생각하시는 분도 계실지 모르겠으나 조금만 생각해 보십시오. 자기 집이 어지러져 있으면 그냥 내버려둘 수 있지만, 다른 사람 집을 방문하여 그곳이 어지러져 있다면 깨끗이 치워 줄까, 하는 기분이 들지 않습니까? 자기 집 이사는 귀찮지만, 다른 집 이사라고 하면 뭔가 도와주고 싶은 마음이 생기지 않습니까?

그와 꼭 같은 원리가 이 비즈니스에 들어 있는 것입니다.

사람들과의 교제로 넓어지는 비즈니스

노부꼬씨에게는 언니가 있는데, 지금 뉴욕에 살고 있습니다. 남편은 일본의 대기업 건설 회사의 뉴욕 지사 중역이고 자녀는 3명입니다. 전업 주부로 매일 아이들 등하교에만 신경을 쓰고 살았다고 합니다. 어느 날 가족 사진을 친정 어머니께 보내드렸는데, 그 사진을 보자마자 어머니께서 뉴욕으로 전화를 걸어 왔습니다.

"너는 바보니? 네 남편 얼굴을 좀 봐라. 왜 그렇게 녹초가 되었다니…. 좋은 것 하나 가르쳐 줄 테니 잘 들어봐. 암웨이야. 암웨이. 조금만 일해 보렴"

어머니는 둘째 딸 노부꼬의 사업 현황에 대해 잘 알고 있었으며 자신도 노부꼬에 이끌려 비즈니스를 시작했던 것입니다. 뒤이어 언니도 어머니 덕택에 암웨이를 시작했는데, 그 언니가 제일 먼저 암웨이를 전해 준 사람은 영주권을 얻은 마작 친구로,

그녀는 서독인 회사원의 부인이었습니다.

그 당시 그녀에게 경제적인 문제는 전혀 없었으나, 상품에 흥미를 가졌던 것 같습니다.

그리고 그녀는 서독에 살고 있는 남동생에게 연결했고 서독 남동생에게 이어받은 한 부인이 단기간에 굉장한 실적을 올렸다고 합니다.

그런데 그즈음 그녀의 남편이 불황으로 회사에서 해고되었습니다. 하지만 암웨이비즈니스 덕택에 그 일가는 아무런 영향도 받지 않았다고 합니다. 만약 암웨이를 하고 있지 않았다면 일가의 생계를 책임지고 있던 남편의 돌연한 해고로 상당히 심각한 가정 문제를 일으켰을 것입니다.

이렇게 암웨이는 바다를 건너 국경을 넘어 전파되어 갑니다. 선진국을 비롯한 세계 80여개국 어디에서도 비즈니스를 전개할 수 있습니다.

이 서독 사람은 노부꼬씨 어머니 실적으로도 계산이 됩니다. 어머니는 이 해고 소식을 듣고 '내 말 한 마디로 서독 사람까지 구했다' 며 기뻐했습니다.

이처럼 세계를 건너 드라마를 만드는 비즈니스가 지구상 어디에 또 있겠습니까? 게다가 그것이 노부꼬씨의 70세 어머니에게서 비롯된 것이라는 것도 암웨이가 아니면 할 수 없는 즐거움이라 생각합니다.

암웨이는 사람을 만나는 것이 일처럼 되어 있고, 단지 물건을 파는 것이 아니므로, 그 목적을 위해서만 만난다고 할 수는 없습니다.

차를 마시거나, 이야기를 하거나, 친구나 지인들과 일상적인 교류를 하던 중 건강에 대한 이야기가 나왔다면 '뉴트리션이란 멋진 건강 식품이 있는데, 지금 난 그걸 먹고 있어. 너도 한번 먹어 보렴' 이렇게 제안을 하면 되는 것입니다.

이러한 방법 이외에도, 좀더 조직적으로 사람을 모아서 열심히 데몬스트레이션(시연회)을 하는 사람도 있습니다.

여러 가지 방법을 각각의 상황이나 처해진 환경, 개인의 기호에 맞춰서 하면 되겠지만, 어쨌든 만난다든가 전화로 이야기한다든가 하는 교제가 중심이 되고 있음은 분명합니다.

암웨이가 인간을 변화시키고, 성장시킨다고 말할 수 있는 것은 교제의 폭이 대단히 넓게 영향을 미치고 있기 때문입니다. 이렇게 넓은 세계에서 인간은 자유로이 움직이고 있지만, 특별히 의식하지 않는 한, 사람과의 교제는 의외로 폭이 좁습니다. 성격 탓도 있겠지만 1년이 지나도록 새로운 친구가 한 명도 생기지 않는 사람도 있습니다.

아침에 출근해서 사무적인 업무를 보고 저녁에 귀가해 좀처럼 밖으로 나가지 않는다면, 1년은 커녕 10년이 지나도 한 명의 친구도 사귀지 못할 겁니다. 그런 사람은 사고방식과 행동에 아무런 변화를 기대할 수 없습니다.

그다지 변하고 싶은 마음이 없다면 변하지 않아도 되겠지만, 올해도 내년에도 거의 변화가 없는 인생이라면, 굳이 몇 십년씩 살 필요가 없을 거라는 생각이 듭니다. 해마다 조금씩이라도 생활 모습이 바뀌어 감으로써 '인생이란 역시 즐거운 것이구나' 하고 생각한다면 어떨까요?

'변화'를 두려워 해서는 안된다

"아니오. 나는 나대로 충실한 인생을 보내고 있으니 특별히 변화를 추구할 필요는 없습니다. 불필요한 친절이에요"

이 이야기를 들려주면 분명 이와 같은 대답을 하는 여성이 있을 것입니다.

내가 대만 암웨이 내셔날 컨벤션에 초청연사로 초대되어, 강연을 하러 갔을 때 통역을 해준 양씨라는 여성이 있는데, 그녀는 대만의 대학에서 일본어를 가르치고 있는 당당한 교수로서 통역에 응해 주는 것이 황송할 정도의 사람이었습니다.

강연 전날, 첫 대면을 겸해 함께 식사를 하면서, "암웨이에 대해 알고 계십니까?"라고 물었을 때 "자세히는 모릅니다. 저는 암웨이를 하지 않으니까요"

그녀에 대한 인상은 어떤 질문에 대해, 확실하게 대답하는 사람이구나 하는 생각이 들었습니다.

나는 '하지 않으니까요'라고 딱 잘라 말하는 사람에게 암웨이 이야기를 하는 게 싫어서 더이상 암웨이에 관한 이야기를 하지 않았습니다.

다음날, 호텔에서 강연회장까지 가는 도중에, 리무진 안에서 나와 양씨는 이런저런 이야기를 하게 되었습니다.

왜냐하면 나는 연설을 할 때 미리 원고를 준비하지 않으므로, 양씨에게 보다 정확한 통역을 부탁하기 위해, 나까지마 가오루가 어떤 사람인지, 어떤 말투를 쓰는지, 사물에 대해서는 어떤 시각과 어떤 사고를 갖고 있는지 파악해 주기 바랐던 것입니다.

또한, 이 강연을 듣는 사람들이 대부분 암웨이 IBO라는 것을 생각한 나는, "연설 중에 여러 가지 암웨이 특유의 용어나 표현 등을 많이 사용하게 될 것 같으니, 통역하는 당신도 일단 구조나 대체적인 사항들을 머리 속에 넣어 두는 게 좋지 않겠어요?" 라며 그녀에게 암웨이의 구조나 마케팅 플랜 등에 대해서도 설명을 했습니다.

그러자 흥미를 느꼈는지,

"위험성이 없고, 좋은 상품을 싸게 판다면 나도 회원이 되어 볼까"라고 말하는 것이었습니다.

그리고 강연 후, 내 연설을 통역한 까닭이었는지 모르겠으나 '완전히 나까지마 가오루와 비슷한 기분이 되어 곧 바로 서명을 했습니다.

그리고 다음날 여러 사람에게 사업소식을 전달하고 회원을 늘려가는 열성을 보였습니다.

처음에는 분명 '좋은 상품을 싸게 사서 사용할 수 있다면…' 정도였습니다.

그러나 내가 대만에 체류하고 있는 동안, 쭉 함께 하며 여러 가지 이야기를 하는 사이, 나를 통해 이 비즈니스의 가능성을 이해하게 됐던 것 같습니다.

나는 나대로 암웨이비즈니스를 다른 나라 사람들과 이러한 홍보 활동을 통해서 이어나갈 수 있다는 것을, 그때까지 이론적으로 알고 있었을 뿐, 실제로 나 자신이 그런 역할을 하는 입장이 되리라고는 생각지도 못했던 일이었습니다.

서로 도우면 힘이 배가된다

양씨는 얼마 후 새로운 연구소 소장이 되었고, 여전히 통역일을 계속하고 있었기 때문에 대단히 바쁘리라 생각했는데, 암웨이를 하는 데, 지장이 없다고 합니다. 왜냐하면 암웨이 사업을 그녀의 어머니가 도와주고 있었기 때문입니다.

양씨는 자신의 그룹을 '가능한 일'. '무리하면 할 수 있는 일'. '아무래도 불가능한 일'. 이 3가지로 나누어 일하고 있다고 합니다.

그리고 두 가지는 자신이 어떻게든 해 나가지만, 세 번째 것에 대해서는 그것을 보완해 주는 사람에게 전적으로 맡기고 있는데, 그 분이 어머니라는 것입니다.

어머니는 양씨와 같은 맨션에 살고 있으며, 전업 주부로 비즈니스를 해 본 적이 없는 사람이었습니다. 게다가 남편을 잃고 혼자, 쓸쓸히 생활하면서 양씨를 여러 방면으로 도와 주고 있었습니다.

딸집에 여러 사람들이 드나들게 되었고 그들이 즐거워하는데 이끌려 도움을 주는 사이, 어느새 이 비즈니스에 열중하게 되었다고 합니다.

비즈니스라고 하면, 일정한 경험이 필요하다고 생각하겠지만, 암웨이는 경험이 전혀없는 전업주부도 훌륭히 해낼 수 있는 사업입니다.

상품계열이 가정에서 사용하는 것이 대부분이어서 '주부라 불가능하다' 가 아니라 오히려 '주부이기 때문에 가능하다' 는 것입니다.

주부이기 때문에 일상생활에 필요한, 그야말로 좋은 물건을 선택하여, 그것을 전달하기에 가장 적당한 것입니다.

게다가 이 비즈니스는 많은 사람들과 만나서 얘기하는 일이 주된 업무인데, 결과적으로 기운을 잃고 있던 어머니께 기분 전환이 되었다는 점이, 무엇보다도 기쁩니다.

여러 가지 성장과 발전이 있다

그러나 어머니의 변화보다도 훨씬 더 극적이었던 것은 역시 양씨 본인의 변화였습니다.

최근에 대만에 갔을 때의 일입니다.

대만 암웨이에는 있으나 일본 암웨이에는 없는 몇 가지 상품이 있는데, 나와 내 친구는 그것을 갖고 싶어했습니다.

그것은 대만 암웨이 회원이 아니면 살 수 없었기 때문에 우리 둘은 양씨에게 부탁해 그 물건을 주문하게 되었습니다.

우리가 돌아오는 날, 주문한 물건의 골판지 상자가 수북히 쌓인 수레를 양씨가 직접 덜커덕 덜커덕 끌면서 가져다 주었습니다.

지적인 대학교수가 땀을 흘리며 '여기 주문한 상품 있어요. 이건 당신 것이고, 이건 당신 것…' 상자를 나눠주는 모습은 참으로 활기차고 보기 좋은 모습이었습니다.

그 모습을 보며, '그런 것은 하지 않으니까요'라던 그녀를 단기간에 이렇게 변하게 한, 암웨이가 정말 대단하다고 새삼 느끼게 되었습니다.

이 비즈니스에서 성공하려면, 전해 준 사람과 그 사람의 꿈에 대해 잘 이해할 필요가 있습니다.

양씨는 지금까지 통역을 하며 많은 사람과 접촉해 왔고 사람들을 이해하는 것에 익숙해져 있었습니다.

이런 면이 그녀에게 이 비즈니스에 의외로 순조로이 들어설 수 있도록 도움을 주었을 것이고, '동시통역'을 한 덕분에 여러 가지 일을 동시 진행하는 것이 힘들지 않았을 것입니다.

시간도 없고 바쁜 양씨가 그토록 훌륭하게 두 가지 일을 병행할 수 있었던 비결이 여기에 있는 것 같습니다.

요컨대 이 비즈니스는 기본적으로 성공하는 사람의 타입이나 성공하기 위한 법칙 따위가 없습니다. 주부라면 주부, 학자라면 학자 나름대로 개개인에게 알맞은 방식이 있는 것입니다.

그리고 고교를 졸업하고 10년간 양재일 만을 해 왔던 사람에게, '오늘부터 무역 업무를 해 주십시오'라고 한다면, 그것은 무리겠지만, 암웨이라면 지금까지 어떤 일을 해 온 사람일지라도 오늘부터 즉시 시작할 수 있다고 확신합니다.

그리고 자신과는 완전히 다른 많은 사람이 성장하고 발전해 가는 모습을 옆에서 지켜보는 것도, 이 비즈니스의 재미라고 생각합니다.

양씨에게 있어 대학에서 일본어를 가르치고, 연구하는 일은 어려서부터 바라던 그녀의 꿈이었습니다.

그러나 지금의 그녀에게 암웨이 비즈니스를 시작하고 나서 또 하나의 꿈이 생겼다고 합니다. 그것은 이 비즈니스를 하면서 얻은 수입으로 '모두를 위한 좋은 일'을 아무런 대가 없이 좀더 많이 하고 싶다는 것입니다.

　그녀는 원래 대만의 현대무용협회를 지원하며 기업이나 개인에게 헌금을 걷고 있었습니다.

　이 현대무용협회는 대만이 자랑하는 대중문화의 하나인데, 유감스럽게도 지금 회전이 좋지 않아 어려운 상태에 빠져있었습니다.

　내가 그녀와 처음 만났을 때도, 간혹 함께 하던 대만 암웨이 사장에게 기부를 부탁할 정도였기 때문에, 상당히 궁지에 몰려 있다는 것을 알 수 있었습니다. 그때 이것도 뭔가 인연이라고 생각한 나는 한 가지 제안을 했습니다.

　그것은 양씨가 통역한 나의 내셔날 컨벤션에서 연설을 정리한 카세트 테이프가 있는데, 거기서 나에게 지불하는 인지세 전액을 현대무용협회에 기부하기로 했던 것입니다.

　양씨가 기뻐했던 것은 말할 것도 없고, 거기에 덧붙여 그녀는 '암웨이에서 성공하면, 자신이 생각하고 있던 일이 가능하게 된다'는 것을 알게 되었고, 이 비즈니스의 가능성을 재확인했던 것입니다.

　더구나 그 성공한 사람(이 경우 내가 되겠지만)을 눈앞에서 확인한 것이므로, 이 일에 의욕이 생길 수밖에 없었을 것입니다. 하여튼 이 일로 인해 양씨의 미래도 그리고 현대무용협회의 미래도 밝아졌습니다.

누군가를 위해 뭔가를 할 수 있다는 것은 기쁜 일입니다. 그리고 그로 인해 더욱 분발하고 싶다는 그녀는 인간미 넘치고 멋진 여성이었습니다.

그런 여성에게 힘이 될 수 있었던, 나 자신도 조금은 자랑스럽습니다.

어제의 당신과 오늘의 당신은 다르다

암웨이에서 변화하고 성장한 사람을 몇 명 소개한 이유는 내가 가끔 암웨이 비즈니스 세계에 몸담고 있는 탓도 있겠지만 '암웨이에서가 아니면 변화도 성장도 기대할 수 없다' 는 무모한 이야기를 하기 위해서가 아닙니다. 다른 비즈니스에 종사하는 분들도 그 가능성은 많이 있을 것입니다. 단지 일반 비즈니스보다는 암웨이에 그런 기회가 훨씬 많다는 것입니다.

사람은 변해 갑니다. 아니 바뀌어 가는 것입니다. 언뜻 보면 똑같아 보여도 어제의 당신과 오늘의 당신은 어딘가 다릅니다. 단지 생활이 변하지 않으면 사람도 변하지 않는 것처럼 생각될 뿐이지 변하고 있습니다.

어차피 변한다면 좋은 쪽으로 변하고 싶을 것입니다. 그렇다면 결국 그것은 자신이 얼마나 노력하는가에 달려 있습니다.

예를 들면, 스웨터를 짜듯이 자신의 인생도 짜가는 것입니다. 직접 짜는 것이 귀찮아서 완성품을 산다면, 색, 디자인, 가격, 재질 모두 이미 정해진 것이므로 그 중에 선택을 해야 합니다. 그러나 직접 짠다면, 모든 것이 자기 생각대로 완성될 것입니다.

보통 사람의 경우, 자기 스웨터를 짜고 있는 동안, 다른 사람 스웨터가 마음에 걸릴 수도 있을 것이며, 자기 것이 잘 짜지지 않을 때, 남의 것을 보고 기가 꺾일 수도 있습니다.

하지만, 어떻든 간에, 짜고 있는 동안은 스웨터가 완성될 때까지 계속 짜가는 것이 중요하리라 생각합니다.

물론 처음부터 모든 것이 잘돼 갈 수는 없습니다.

그러나 진정으로 '나는 할 수 있다. 잘 될 거야' 라고 믿으며 열심히 노력 한다면 반드시 성공하게 됩니다.

나는 반드시 이렇게 될 것이다. 그래서 지금 이렇게 하고 있다는 생각만 하면 되는 것입니다. 결론을 알고 있기 때문에, 비록 귀찮은 일이 생겨도 견딜 수 있는 것입니다.

그리고 그것을 이겨낼 수 있다면, 성공한 먼 훗날, 그것은 하나의 에피소드가 될 뿐입니다.

때문에 자신이 전진해 가고 있는 한 때때로 생기는 문제점에 대해 일일이 화를 내거나 고민하는 여유 없는 생활과도 이별할 수 있습니다.

'나는 시험받고 있다' 는 생각을 해봅시다.

당신이 정말 성장하려 할 때, 벽은 다가옵니다. 그러나 벽은 분명히 다가오겠지만, 그것은 결국 넘을 수 있습니다.

왜냐하면 넘을 수 없는 벽은 다가오지 않기 때문입니다.

언제나 당신이 넘을 수 있을 정도의 크기이지, 그 이상의 큰 벽은 오지 않습니다.

때문에 넘을 수 있는 것입니다. 때때로 실패하는 사람이 생기는 것은, 커다란 벽이 왔기 때문도, 누군가가 방해하고 있기 때문도 아닙니다. 그것은 바로 자신이 방해하고 있는 것입니다. '이렇게 큰 벽을 뛰어넘을 수 있을까?' 라고 멋대로 생각한다든지 '어째서 나에게 이런 벽이…' 라며 혼자서 한탄만 하고 있다든지 하는 것이 벽을 넘을 수 없게 하는 것입니다.

벽은 누구에게나 다가옵니다. 그것은 앞서 말한 바와 같이, 성장하는 시기에 오기 때문에 사람에 따라 오는 시기가 다를 뿐입니다.

운동회에서 장애물 경기에 참가해 평균대와 그물을 뚫고 선두에 선 당신이, 아직 그물 속을 기고 있는 다른 사람들과 5단 뜀틀을 넘어야 하는 자신을 비교해, '어째서 나만 이런 뜀틀을 넘어야 하는 거지?' 라고 생각하지는 않을 것입니다. 이와 같은 것입니다.

벽을 넘고 나면, 지금까지와는 조금 다른 세계가 기다리고 있습니다. 넘을 때마다 더 한층 성장한 당신도 거기에 있을 것입니다.

그리고 벽이란 뛰어넘을 수 있는 정도로만 다가옵니다. 나는 종종 벽이 다가왔으면 좋겠다는 생각을 하기도 합니다.

내가 이렇게 생각할 수 있는 것은 지금까지 암웨이비즈니스 세계에서 다가오는 벽을 넘어왔기 때문입니다.

나는 그것을 깨닫게 해준 이 일을 너무나 좋아하고 그런 비즈
니스에 종사하고 있는 나를 자랑스럽게 생각합니다.

　세상에는 여러 가지 일이 있습니다. 그리고 여러 가지 일에
종사하고 있는 많은 사람들이 있습니다.

　그러나 그 중에서 자기 일에 자부심을 갖고 일하고 있는 사람
은, 성공하고 있는 사람은, 적어도 성공을 바라볼 수 있는 사람
은 대체 어느 정도나 될까요?

　"매일 매일의 일과에서, 분명히 내가 성장하고 있으며 또한
성공으로 조금씩 다가가고 있음을 실감할 수 있다…." 모두가
이렇게 가슴을 펴고 자신있게 말할 수 있게 되기를 나는 간절히
소망해 봅니다.

4장
☆☆☆☆

당신의 꿈은 우리들의 꿈

꿈을 버려서는 안된다

　사람은 꿈을 꿉니다. 잠잘때 꾸는 꿈이 아닌 '어떤 사람이 되고 싶다' 는 꿈을 말입니다.

　어렸을 때 '어른이 되면 ○○이 돼야지' 라는 꿈은 누구나가 꾸지요. 그러나 어른이 되면 꿈 자체가 시들해집니다. 그리고 이렇게 생각합니다. '꿈은 꿈일 뿐, 현실은 그렇게 마음먹은 대로 되지 않는다'

　암웨이는 '꿈을 파는 기업' 으로 불려지고 있습니다. 그것은 암웨이가 많은 사람들이 품고 있는 꿈을, 이루어 주었기 때문입니다. 특히 '풍요로워지고 싶다' 는 대다수의 사람들이 가지고 있는 꿈을 멋지게 실현시켜 왔습니다.

　여기서 강조해 두고 싶은 것은, 암웨이에서는 꿈을 실현시켜 주는 대상이 '특별한 사람들' 이 아닌 '보통 사람들' 이라는 점입니다.

　예를 들어 야구 선수나 축구 선수, 가수나 연예인은 많은 돈을 법니다. 그들이 연봉을 몇 억씩 벌 수 있다는 것은 다른 사람들보다 뛰어난 재능을 가지고 있기 때문입니다.

　다른 사람보다 공을 빨리 던진다, 다른 사람보다 강인한 신체를 갖고 있다, 아름답고 매력적인 용모를 갖고 있다, 노래를 대단히 잘한다. 라는. 뛰어난 재능으로 많은 수입을 얻을 수 있는 것입니다.

　이런 '특별한 사람들' 과 비교했을 때, 여러분은 어떠하신지. 역시 '보통 사람' 이라고 생각하는 사람들이 대부분이겠지요.

물론 노력했다면 무언가 되었을지도 모르겠지만, 지금 중학교 야구부에 다시 들어갈 수도 없고, 오디션을 받고 가수가 되기에도 제한이 있습니다. 세월의 흐름이 결정적으로 벽을 쌓게 되는 것입니다.

대부분의 사람들은 '특별한 사람'과는 다른 방법으로 풍요로움을 찾지 않으면 안됩니다.

이런 경우 누구나 생각할 수 있는 것은 스스로 사업을 하는 것이겠지요. 사업은 성공하면 막대한 부를 축적할 수 있습니다. 그러나 사업을 일으키려면 자금이 필요합니다. 노하우도 필요하고, 인재도 필요합니다. 무엇보다 위험부담을 안지 않으면 안됩니다.

이들 모두를 준비해서 사업을 시작한다는 것은 결코 쉬운 일이 아니라는 점입니다.

많은 사람들은 이렇게 생각합니다. 막대한 부는 필요 없지만 적어도 별장 정도는 갖고 싶다, 외제차를 타보고 싶다, 세계일주여행을 해 보고 싶다. 그러나 현실적으로 그러한 작은 꿈조차 쉽게 이룰 수 없는 것이 '보통 사람'입니다.

그럼 '보통 사람들'의 인생은 이렇게 끝나는 것일까요?

금방 포기해 버리는 사람도 있겠지만 포기하지 않는 사람도 있습니다. 대다수의 사람들이 '절반은 포기, 절반은 희망'으로 살아가고 있을 것입니다.

완전히 포기해 버린 사람은 어쩔 수 없습니다. 그렇게 살아갈 수밖에... 그렇지만, 아직 포기하지 않은 사람, 반쯤 흔들리고 있는 사람의 인생은 아직 가능성으로 가득 차 있습니다.

그 사람이 희망하는 것, 별장이든 자동차든, 또는 사업을 시
작하든, 무엇이든 간에 지금도 늦지 않았으며, 실현 가능한 일
입니다. 그러기 위한 조건은 단 하나, 꿈을 버리지 않는 것입니
다.

사람은 누구나 자유롭게 살아야 한다

지금 암웨이 비즈니스로 성공해 억만장자가 된 저도 원래는
'보통 사람' 중의 한 사람이었습니다. 암웨이가 제공해 준 기회
로 나는 내 자신의 꿈을 이룰 수 있었습니다.

물론, 무엇이 기회인가 하는 것은 사람마다 다르기 때문에 모
든 사람이 암웨이로 꿈을 이룬다고 말할 수는 없습니다. 그러나
머리가 좋은 사람이나, 예리한 직감을 가진 사람, 자신의 꿈을
절대적으로 갈망하고 있는 사람은 자신에게 다가온 기회를 절
대 놓치지 않습니다.

나는 처음 암웨이를 만났을 때 '굉장하다'는 생각을 먼저 했
습니다. 그것은 내 마음속 직감이었습니다. 그리고 그 직감이
멋지게 적중했습니다.

'어떻게 내게 그런 직감이 들었는가' 그것은 내가 꿈을 갖고
있었기 때문입니다.

당시, 나는 작곡가로 알려지기 시작했지만, 무언가 내 일에
만족할 수 없는 부분이 있었습니다.

'이게 아니야, 무언가 부족해' 그것이 무엇인지는 몰랐으나
그 당시의 내 모습이 내가 찾던 모습은 아니라는 생각이 항상

들었습니다.

한 친구에게 만날 때마다 '사업을 하고 싶다. 사업을 하면 분명히 성공할 거야. 난 자신 있어'라고 말을 해서 이상한 시선을 받기도 했습니다.

단지, 지금 생각해 보면 내가 그때 말한 '사업'이라는 말은 적당한 표현이 아니었습니다. 내가 정말 희망했던 것은 '자영업'이었습니다. 다른 사람 밑에서 일하는 것이 아니라 내 자신의 생각으로 일을 하고 생활해 나가는 자기 사업 말입니다.

왜 '자영업'을 희망했는가. 그것은 '자유'를 원했기 때문입니다.

인간은 본래 자유롭게 살기를 원합니다. 사람들이 하는 모든 노력이 '자유'를 얻기 위한 노력이라고 해도 과언이 아닐 것입니다.

그런데 현실 사회에서는 자유를 얻기 위한 노력이, 역으로 자유를 빼앗아 가고 있습니다. 자고 싶을 때 잘 수 없고, 놀고 싶을 때 놀 수 없고, 사고 싶은 물건을 살 수 없습니다. 물론 모든 것을 못한다는 것은 아니지만, 자신이 '완전한 자유의 상태'라고 확실히 말할 수 있는 사람은 거의 없습니다.

작곡가는 일종의 '자영업'이지만, 저에게는 위화감이 있었습니다. 어릴적부터 작곡가가 되고 싶었던 것이 아니라, 우연히 작곡 콩쿠르에 입상해서 '재능이 있다'는 말을 듣기 시작했던 것입니다.

게다가 앞에서도 말했듯이 작곡가라는 것은 '노래'라는 상품을 만드는 프로세서의 일원으로 막상 그 틀 안에 들어가면 자유롭지가 못합니다. 한 마디로 '자영업'도 내가 원하는 대로 자유를 부여해 주는 것은 아니었습니다. 이것은 자영업을 하는 여러 사람을 보면 금방 알 수 있습니다.

2장에서 소개한 노부꼬(信子)씨는 찻집을 하고 있었습니다. 말할 것도 없이 자영업이지만 그 실정은 '연중무휴 1일 15시간 영업으로, 월수입은 부부 합산 30만엔'입니다. 이것은 시간적으로나 금전적으로 자유와는 거리가 있습니다. 결국 아무리 '자영업'이라 하더라도 선택과 상황에 따라서는 자유를 얻을 수 없는 것입니다.

그럼 자유로이 살기 위해서는 어떻게 하면 좋은가. 자유롭게 일할 수 있는 생활이 가능하며, 더 나아가 별장이나 차를 살 수 있는 일을 찾을 수밖에 없습니다.

나는 암웨이를 시작함으로써 이상적인 생활을 거의 이루어 냈습니다. 아직 완벽하지는 않지만 거의 완벽에 가까운 상태로 매일 기쁘게 생활하고 있습니다.

꿈은 줄지 않고 늘어나는 것이다

내가 이렇게 기분 좋게 살아갈 수 있는 데는 몇 가지 이유가 있습니다. 우선 암웨이에서 얻은 수입으로 생활의 불안이 없어진 것입니다. 그리고 암웨이로 성공하기 위해서는 우선 자신의 주변에 많은 성공한 사람을 만들지 않으면 안되는데, 내가 이렇게 성공했다는 것은 달리 말해서 성공자를 많이 만들었다는 것과 같습니다.

많은 사람들이 꿈을 이루는데 도움을 줄 수 있었기에 지금의 내가 있다는 것. 그야말로 굉장하지 않습니까?

나는 계속 이 비즈니스에 힘쓰고 있는 사람들의 꿈을 이루어 주고 싶기 때문에 잠시도 쉴 수가 없습니다. 이것은 그런 사람들의 숫자만큼 지금도 계속해서 실현시키고 싶은 꿈이 있다는 것입니다. 그래서 나는 항상 많은 꿈에 둘러싸여 생활하고 있습니다. 기쁘지 않다면 거짓말이겠지요.

저 뿐만 아니라 암웨이로 성공한 높은 핀레벨에 있는 사람들은 자신들이 암웨이를 전달했던 사람들의 꿈을 함께 이루어 나가고 있습니다. 이 '함께' 라는 것이 중요합니다.

세상에는 '내 꿈은 나 혼자만의 것. 그 누구의 도움도 빌리지 않고 내 힘으로만 이루어야지' 라고 생각하는 사람도 있습니다. 물론 좋은 생각입니다. 하지만, 왠지 조금 허전하지 않습니까. 그렇다고 전부 타인에게 의지해서 꿈을 이루라는 것은 아닙니다.

대체로 꿈은 늘어나는 것이지 줄어드는 것이 아닙니다. 이것을 가까운 사람과 공유한다면 2배가 되겠지요. 그리고 실현되는 속도는 반으로 줄어듭니다. 이렇게 해서 남은 시간은 또 다른 사람이 꿈을 이룰 수 있도록 도울 수 있는 것입니다.

저는 암웨이로 성공한 덕분에 주위에는 항상 꿈을 이룬 사람, 꿈을 가진 사람들이 많아지게 되었습니다.

자신의 것이든 타인의 것이든, 많은 꿈을 실현해 온 사람은 그만큼 멋진 사람들입니다. 그리고 꿈을 하나 이루면 또 다른 꿈을 가집니다. 왜냐하면 '꿈은 이루는 것' 이라는 것을 너무도 잘 알기 때문에 계속해서 여러 가지 꿈을 가지게 되는 것입니다.

그런 사람들 중에 몇 명을 소개해 드리겠습니다. 모두가 '아, 나도 이렇게 되었으면…' 이라는 생각을 갖게 하는 사람들이지만, 꼭 기억해야 할 것은 이 사람들도 원래는 보통 사람으로 평범하게 암웨이를 시작해서 성공한 사람들이라는 것입니다.

단지, 꿈을 버리지 않고 이루기 위해 노력했다는 것이 보통 사람으로 끝나지 않게 된 이유입니다.

뇌의 활동 모습이 바뀌었다

그럼 먼저, 아주 최근에 더블 다이아몬드DD 레벨을 달성한 후꾸오카(福岡)의 키타무라 요시유키(北村義往) ― 히사애(久惠)씨 부부의 이야기부터 시작하겠습니다.

키타무라 부부는 남편이 건축가이고 부인은 스튜어디스 출신의 멋진 커플입니다. 명실공히, 큐슈(九州)를 대표하는 IBO 부부입니다.

이 두 사람과 암웨이의 만남은 히사애씨가 스튜어디스 시절, 친구에게 전해들은 이야기에서 비롯됩니다.

결혼을 계기로 전업 주부가 된 히사애씨는 '무언가 같이 해 보자' 라는 친구의 권유로 사인을 했습니다. 그러나 비즈니스를 척척 진행시키기에 뭔가 결단이 서지 않은 채, 반년 정도가 지난 어느 날, 아는 분의 권유로 미팅에 참가하게 되었습니다.

미팅의 분위기는 너무나 즐거웠고 이전보다 많은 흥미를 가지게 되었습니다.

원래 대범하지 않은 성격의 히사애씨는 건축가 남편의 수입이 있어서 그동안 그다지 열심히 노력하지 않았습니다.

그런 히사애씨가 이 비즈니스의 가능성을 진지하게 생각한 것은 어느 날 피아노 레슨에 열심인 아이의 모습을 보면서였습니다.

"이 아이가 자라면서 피아노에 상당한 재능이 있어 '엄마, 빈으로 유학 가고 싶어요' 라고 말한다면…, 여기저기서 어떻게든 유학비용을 융통하는 것이 가능하리라는 생각이 들었으나 썩 유쾌한 생각이 아니었습니다. 그렇다고 쉽게 '다녀오너라' 말할 수 도 없을 것 같고… .

게다가 이 아이가 어른이 되었을 때, 나 자신을 생각해 보니, 내게는 무엇이 남아 있으며 어떤 모습이 되어 있을까, 아이의 양육이 끝나더라도 무언가 특별한, 내 스스로 몰입할 수 있는 어떤 것이 있어야겠구나….

이런 생각을 하고 있을 때 '아, 그래 바로 암웨이다' 라는 생각이 떠올랐습니다. '열심히 노력해서 수입이 늘면 유학간 아이를 만나러 한 달에 한 번은 내가 빈으로 갈 수 있지 않을까' 하는 생각이 들었습니다"

어떻습니까. 너무나도 보통 사람다운 꿈이지요?

이것을 계기로 상당히 의욕을 갖게 된 히사애씨는, 전업 주부인 자신이 가끔씩 모임 등으로 집을 비워도 남편의 불만이 생기지 않도록 하기 위해, 이 비즈니스가 얼마나 확실한 것인가를 남편 요시유키씨에게 설명하기 시작했습니다. 그런데 요시유키씨가 히사애씨보다 더, 이 비즈니스에 대해 깊이 이해하게 된 것입니다. 그 배경에는 다음과 같은 심리가 있었던 것 같습니다.

요시유키씨는 고등학교 때부터 건축 설계에 관심을 갖고 있어서 장차 건축가가 되고 싶어했습니다. 그는 희망한 대로 건축설계 사무소에 취직을 하였고, 자신이 설계한 설계도가 실제로 형상화돼 현실로 나타나는 창조적인 일에 만족해했습니다.

그러나 요시유키씨는 언제부터인가 어떤 위화감을 느끼기 시작했습니다.

왜냐하면, 결혼해서 가정생활을 해야하는데, '가정을 이끌어가기 위해서'라는 생각에 너무 치우다 보면 아무리 좋아하는 일이라도 그것을 취미로 할 수 없게 되기 때문입니다. 그래서 요시유키씨는 뇌의 70%는 생활을 위해서 쓰고 좋아하는 건축 일에는 30%밖에 사용하지 않았다고 합니다. 애써 좋아하는 직업을 갖게 되었으니 어떻게 해서든 100% 그 일에 몰두하고 싶다는 생각을 하고 있을 때 암웨이를 만났고, 그 즉시 '이 일은 하지 않으면 손해다'라는 생각이 들었다고 합니다.

"도전할 만한 일이라고 직감했습니다. 성공하면 건축가로서 업무 환경이 쾌적해 질 것이고 무엇보다 친구들의 꿈도 이루어 줄 수 있을 것 같았습니다. 멋진 결단이었습니다.

암웨이를 전해 준 친구들 모두, 이 비즈니스의 꿈과 커다란 가능성을 정확하게 이해했기 때문에 순조롭게 발전해서 많은 성공자들을 배출할 수 있었습니다"

　이렇게 말하는 요시유키씨는 지금은 자신의 시간 중 99%가 여러 가지 사물을 보고, 감동하고 감성을 단련하는 시간이 되었으며, 실무는 나머지 1%, 그것도 먹고 살기 위한 실무가 아니라 친구의 집을 설계한다든지 순수하게 어떤 것을 창조하는 일에 사용하는 시간이라고 합니다. 이것을 그는 이렇게 말하고 있습니다.

　"뇌의 활동 모습이 바뀌었습니다"

　그리고 그때는 자신의 꿈을 지키기 위해, 어디까지나 수단으로 암웨이를 시작했는데, 지금은 완전히 암웨이의 즐거움에 사로잡혀 이것이 목적이 되어 버린 것 같습니다.

　'암웨이에서는 이와 같은 사람이 적지 않습니다'라고 하기보다는 '이런 사람이 많습니다.

　생활 모습을 바꾸고 수입도 얻는 그러한 어떤 수단으로 시작한 암웨이의 즐거움에, 어느새 완전히 눈을 떠서 그것이 목적, 목표, 마침내 인생 그 자체가 된다'는 것입니다.

'불안이 없다'는 것은 최상이 아니다

　이야기를 하고 있으면 왠지 안정되고 편안해지며 온화하고 차분한 분위기, 그러나 항상 소년 소녀다운 면을 갖고 있는 두 사람. 암웨이로 성공해 온 두 사람의 좌우명은 '될 때까지 한다'입니다. 얼마만큼 빨리 하느냐가 아니라 어쨌든 될 때까지

그만두지 않는다, 이것은 다시 말하면 '꼭 될 것이다' 라는 신념
으로, 자기 자신을 끝없이 신뢰해 왔다는 것입니다.

요시유키씨는 말합니다.

"이 비즈니스로 성공하리라는 것을 알고 있었기에, 잘 되지
않을 때도 있었지만 그다지 당황하지 않았습니다.

특히 처음에 많이 힘들었지만, '어차피 성공하면 수입이 많
아질 거니까', 나중에 가서 '역시 가난했던 시절이 좋았어' 라
고 후회해도 되돌아갈 수 없으니, '지금 가난을 즐겨 보자' 라며
둘이서 웃곤 했습니다"

누가 이들을 행복한 부부라 생각하지 않겠습니까?

분명 이들 정도의 레벨까지 오게되면 이제 '불안이 없다' 는
그런 단계가 아니라 '이제부터 어떤 즐거움이 기다리고 있을
까' 라는, 플러스-마이너스-제로에서 플러스 영역의 이야기일
것입니다.

마이너스 세계에서는 제로, 즉 '불안이 없다' 는 것이 최상입
니다. 얼마만큼 불안을 없앨 것인가 하는 것이 문제니까요.

결국 제로가 상한점이 되는 것입니다. 그것이 플러스 세계가
되면, 이제부터 얼마나 좋아질 것인가 하는 것은 상한선이 없게
되므로 점점 기대가 커질 수 있는 것입니다.

다시 말하면 올라가는 에스컬레이터를 타고 있는 것과 같은
이치로 지금부터의 인생은 관에 들어가는 순간이 가장 부자가
되는 것입니다.

덧붙여 말하면 나의 좌우명은 '오래 사는 것' 입니다.

무슨 뜻인지 여러분도 아시겠지요?

시간을 저축할 수 있는 일

두 사람은 암웨이에서 성공해 해외에 나가는 횟수가 많아졌습니다. 요시유키씨는 전부터 가고 싶었던 영국과 스페인에 갈 수 있어서 너무나 기뻤다고 합니다.

건축업 출신이면 누구나, 영국신전과 스페인 가우디 건축을 한번쯤은 보고 싶어 한다고 합니다. 그것을 보고 감동해서 다시 한번 '화이팅'을 결의하는 요시유키씨의 모습이 눈에 선합니다.

"본업(本業)을 통해서 이루고 싶었던 일이 몇 가지 있었습니다. 세계의 훌륭한 건축물을 제 눈으로 본다는 것도 그중 하나였습니다. 그러나 결국 본업을 통해서는 무엇하나 이루지 못하고 전부 암웨이를 통해서 이루었습니다. 저는 가끔 '두 가지 일을 하시다니 대단합니다'라는 말을 듣지만, 저는 두 가지 일이라는 생각은 해본 적이 없습니다. 저에게 있어서 암웨이는 5시 이후에 테니스를 치는 것과 같습니다.

마음만 있다면 시간을 내서 테니스를 하고 테니스를 함으로써 체력과 건강이 좋아지고, 클럽에 들면 친구가 생겨 좋으니 나쁜 점은 하나도 없습니다.

내가 테니스를 회사업무 이외의 시간에 했다고 해서 내게 '두 직장을 갖고 있다'고 말하는 사람은 없겠지요. 저는 이런 원리라고 생각합니다"

이런 이야기를 들으면 암웨이 일을 아주 여유 있게 하고 있다는 것을 알 수 있습니다. 또한 성공해서, 경제적으로나 정신적으로 풍요로워지면 사물을 보는 눈도 자연히 안정되는 것입니다. 자신의 결단이, 많은 사람들의 꿈을 실현시켰다는 자존심이 여기서 나타납니다.

이 두 사람은 앞으로도 이처럼 여유롭고 자연스럽게, 지속적으로 많은 사람들의 꿈을 이루어 나가는 데 도움을 줄 것이고, 자신들도 또다시 새로운 꿈을 만들고 그것을 이루어 가겠지요. 히사애씨의 조용하면서도 힘찬 이야기로 이 두 사람의 이야기를 결말 지으려 합니다.

"암웨이는 지금까지 해 온 일이 미래의 출발점이 됩니다.

하고 나면 그것으로 끝인 것이 대부분인데, 지금까지 해 온 일이 시작이 되는 것입니다. 시간은 저축할 수 없지만, 암웨이라면 일한 시간이 미래에 남아있게 됩니다. 그런 뜻에서 시간을 저축할 수 있는 일이고, 현재의 시간을 미래에 남길 수 있는 일입니다. 우리는 계속해서 보다 멋진 시간을 미래로 쌓아 갈 것입니다"

시작은 '형편이 나빠질수록 불리하다'

암웨이에서는 여러 가지 일, 특히 보통 사람이라면 상상도 할 수 없을 정도의 일이 많이 일어납니다. 이번에 소개할 분은 보통 상식으로는 생각할 수 없는 IBO 부부입니다.

이 두 사람은 시즈오까(靜岡)에 사는 수석 다이아몬드DD로 나가쿠라 다까노리(長倉考側) — 히로미 부부입니다.

3장에서도 특이한 IBO를 소개했지만, 이 두 사람, 특히 남편 다까노리씨는 그 사람들을 능가할 만큼 특이합니다. 인품은 목사님처럼 성실하고 확실한 사람이지만, 어쨌든 성격이 특이한 사람으로, 오히려 암웨이에서는 '이런 사람은 처음이야' 라며 랠리나 미팅에 초청 연사로 의뢰가 많은 인기있는 사람입니다.

　　이러한 두 사람의 흥미진진한 에피소드 몇 가지를 지금부터 소개해 드리겠습니다.

　　암웨이에 가입한 지 5년만에 크라운 앰배서더 DD를 달성한 나까지마 가오루(中島 薫)의 이야기는 거의 전설적인 이야기가 되었지만, 나는 나가쿠라 부부가 오히려 대단한 것 같습니다. 왜냐하면, 나는 보통 생활에서 시작해 억만장자가 되었습니다. 이것은 30에서 100으로 올라간 것과 같습니다. 이것에 비해 현재 수석 다이아몬드 DD인 나가쿠라부부가 처음 암웨이를 시작했을 때의 생활 수준을 말하자면, 표현할 수 없을 정도로 가난했습니다.

　　마이너스 70에서 플러스 70까지 올려놓은 것과 같아서, 이 간격의 차가 70과 140이라면 무려 2배나 됩니다.

　　지금까지 여러 사람을 만나 왔지만, 이렇게까지 가난했던 사람은 처음 보았습니다.

　　가난이라는 말 앞에 '너무나' 를 붙여야 할 정도로 가난한…. 이런 말을 계속 강조하는 나에게 '나까지마 가오루는 예의가 없는 사람' 이라고 나무라는 분도 계실지 모르겠지만, 이것은 본인들이 직접 랠리나 미팅에서 모두 이야기하고 있는 사실입니다.

그렇다고 부부 사이가 나빠진 적은 한번도 없었으며, 서로 화목하게 가난을 즐겼었다고 얘기합니다.

이 두 사람이 어느 정도로 가난했는지를 알 수 있는 에피소드가 하나 있습니다.

어느 날 카와사키(川崎)에 사는 친구가 놀러 오게 되었습니다. 자동차로 그의 집으로 가는 길을 물어 보는 친구에게 '토오메이(東名)에 와서 거기를 이렇게 돌면 그 근처에서 제일 더러운 집이 내 집이니까 금방 찾을 수 있을 거야' 라는 설명만으로 모두들 잘 찾아온다고 합니다.

그렇게 가르쳐 주는 사람도, 그 말을 듣고 그대로 찾을 수 있다는 사실도 놀라지 않을 수 없습니다.

또 하나, 암웨이에서 성공하면 신쥬꾸(新宿)에 있는 센츄리-하얏트 호텔에서 열리는 DD세미나에 초청되는데, 그곳에 입고 갈 옷이 없어, 두 사람은 옷을 사러 갔습니다.

평상시 차림대로 히로미씨는 목면의 구깃구깃한 원피스를, 남편 다까노리씨는 목수 옷을 입고 옷가게에 가서 옷을 한벌씩 구입해서 집으로 가던 중에 세미나와 그 다음 파티에서 사진을 찍기 위해서는 옷이 두 벌 필요하다는 것을 생각하게 되었습니다.

당황한 두 사람은 조금전 옷을 산 그 가게로 옷을 더 구입하기 위해 다시 갔는데, 점원으로부터 이상한 눈총을 받았다고 합니다. 이유인즉 그 점원은 틀림없이 옷을 반품하러 왔을 거라고 생각했다고 합니다.

연어에서 헬리콥터

이처럼 가난한 나가쿠라 부부에게 암웨이를 소개해 준 사람은 남편 다까노리씨의 친구였습니다. '그 당시 저축해 둔 돈이 10만엔 밖에 없었고 그 돈은 비상시에 쓰기 위해 남겨 둔 돈이라 절대 쓰고 싶지 않았다'고 말하는 부인 히로미씨는 당연히 암웨이 사업에 크게 반대하며 남편을 어떻게든 말리려고 했답니다.

그런 부인에게 다까노리씨는 부드럽게 그러나 단호하게 이렇게 말했다고 합니다.

"내 친구가 일부러 신간선(일본의 고속 전철)을 타고 여기까지 와서 실없는 얘기를 할 리가 없잖아. 믿어 보자"

사랑하는 남편이 그렇게까지 말을 하는데, 히로미씨도 소중한 저금에서 입회금 8천엔을 내주지 않을 수 없었답니다.

그러나 어떻게 해서든 그 8천엔을 다시 돌려 받고 싶었던 히로미씨는 상품을 트집 잡아 '역시 그만두는 게 좋겠어요'라며 단념시킬 계획을 세웠습니다.

그런데 세제를 비롯한 몇 가지 상품을 시험삼아 사용해 본 그녀의 예상은 완전히 빗나갔습니다. 제품 모두가 하나같이 놀라울 정도로 훌륭했습니다.

특히 세제는 찌든 세탁물을 눈부시게 만들어 '어머나, 정말 거짓말 같아'를 연발하면서 세탁물을 널었다고 합니다. 어떤 사람이 보더라도 눈을 동그랗게 뜨고 놀랄 일이었습니다. 어쨌든 히로미씨의 작전은 대실패로 끝났고 말았습니다.

그런데 애초에 이 두 사람이 가난해진 이유는 다까노리씨가 목수로 전업을 하면서 시작되었습니다. 원래 다까노리씨는 대기업 증권 회사에 근무하는 증권맨이었습니다. 그런데 목수였던 아버지가 병으로 쓰러지시고 아버지의 뒤를 이어받기 위해 시즈오까로 돌아와 목수가 된 것입니다.

최근 목수라고 하면 수입이 꽤 될 것이라고 생각하시겠지만, 다까노리씨는 손님들에게 조금이라도 더 잘해주기 위해, 좋은 재료만을 쓰다 보니 별로 이익이 없었다고 합니다. 또한 부인 히로미씨도 비슷한 성격으로 뭔가 가진 게 많으면 모르겠으나, 가진 것이 없음에도 불구하고 남에게 주고 싶어하는, 성모마리아 타입의 부인이었습니다.

이런 두 사람이 암웨이 비즈니스를 시작한 까닭은 사실 다까노리씨가 이 비즈니스로 이루고 싶은 꿈을 가지고 있었기 때문입니다. 그것은 바로 헬리콥터를 사는 것이었습니다.

왜 갑자기 헬리콥터냐고 생각하시겠지만, 그건 다까노리씨의 취미와 관계가 있습니다.

다까노리씨는 낚시를 광적으로 좋아하는데, 특히 연어 낚시를 좋아합니다. 일전에 어떤 사람이 다까노리씨에게 '좋아하는 단어 3개를 적어 주십시오' 라고 했는데 '사랑', '진지함', 그리고 '연어'를 적었다고 합니다. 낚시을 너무 좋아한 나머지 자동차를 타고 가다 우연히 강 옆을 지나면 '마치 애인을 만난 듯한 얼굴을 한다'는 부인 히로미씨의 말입니다.

낚시를 하는 분이라면 아시겠지만 연어 낚시는 한철에만 할 수 있습니다. 1년에 고작 몇 달. 게다가 강물의 변화 때문에 연어 낚시를 할 수 있는 날은 손가락을 꼽을 정도입니다.

그런 날 중요한 일이나 용무가 생겨서 못 간다든지 또는 간다 하더라도 길이 매우 혼잡하다고 합니다. 그래서 다까노리씨가 생각한 것이 헬리콥터가 있으면 길이 아무리 혼잡해도 쉽게 갈 수 있으므로 연어 낚시를 가기 위한 헬리콥터를 사려고 시작 했다는 것입니다. 어떻습니까. 이런 어이없는 이야기. 정말 황당하지 않습니까?

그래서 연어 낚시 친구들과 '목표를 헬리콥터'로 정하고 결과가 나올 때까지 그렇게 좋아하던 낚시도 그만두고 열심히 노력했다고 합니다. 극단적이라고 할까, 어쨌든 이런 목표에 힘입어 다까노리씨와 히로미씨는 차츰 암웨이로 성공해 갑니다.

이와 같이 다까노리씨의 극단성을 드러내는 에피소드는 몇 가지 더 있습니다.

연어 낚시를 그만둔 다까노리씨는 매주 하던 마작도 그만두고 좋아하는 TV시청도 그만두었습니다. TV는 그후 2년간 1분도 보지 않았다고 합니다. 게다가 암웨이 상품 목록에 건강보조식품으로 인해 담배도 끊었습니다. 건강에 관련된 물건을 파는 사람이 담배 냄새를 피워서는 안된다며 그때까지 하루 80개피 이상 피던 것을 딱 끊고 지금까지 한 개피도 안 피웠다고 합니다.

아무리 그래도 그렇게까지… 라고 생각하실지도 모르겠습니다. 적어도 담배를 하루 80개피 피던 것을 20개피로 줄이는 정도로도 충분하지 않을까 하는 의견도 있겠지요. '암웨이로 성공하기 위해서 그렇게까지 해야 하는가' 하는 반문이 생길 수도 있겠으나 이것은 어디까지나 한 가지에 집착하는 다까노리씨의 사고방식이며, 각자 자기 계획대로 한다면 좋은 결과가 있을 거라 생각합니다.

"저는 단지 어중간한 상태에서는 보통 사람 이상의 결과를 얻기 힘들 거라 생각하고, 얘기 했을 뿐입니다. 역시 철저한 시작만이 좋은 결과를 가져온다고 저는 생각합니다"

다까노리씨는 암웨이의 랠리나 미팅에도 갈 수만 있다면 모두 참석했다고 합니다. 하루는 '일찍 오라'고 해서 날도 새지 않은 새벽에 출발해 아무도 없는 강연회장 입구에서 기다리고 있는데, '이렇게 일찍부터 와 있는 사람이 있다'면서 암웨이 기관지 편집위원이 사진을 찍어 기관지에 실었다고 합니다.

그 일로 인해 다까노리씨는 무슨 일이든 제일 앞에 서야겠다 생각하고, 강연회장에서도 항상 제일 앞줄, 한 가운데에 앉아 초청연사의 이야기를 열심히 들었다고 합니다.

이 정도로 철저하다면 승리의 여신도, 두 손 들어 승복하지 않을 수 없겠지요. 이렇게 성공한 다까노리씨는 자신이 가고 싶을 때 연어 낚시를 갈 수 있게 되어 헬리콥터는 필요 없게 되었다고 합니다.

요시나가 사유리(吉永 小百合)와 결혼한다!?

이번에는 다까노리씨의 집착력과 끈기를 가장 잘 알 수 있는 에피소드를 하나 소개하겠습니다. 제가 처음 이 이야기를 들었을 때, '정신 나간 사람으로 보일 테니까 절대 다른 사람에게 말하지 말라'고 그에게 말했으나, 그는 상관하지 않고 모두에게 이야기해 버렸으니, 나도 체념하고 이제 이야기해 드리겠습니다.

다까노리씨는 원래 요시나가 사유리씨와 결혼할 계획이었다고 합니다. 그렇습니다. 그 유명한 여배우 요시나가입니다. 그렇다고 해서 다까노리씨와 요시나가가 사귀었다든지 하는 사실은 전혀 없습니다. 있었다면 놀랄 일이지만… 단지 다까노리씨 멋대로 '결혼하겠다'고 정한 것뿐입니다. 단지 이것이라면 열성 팬으로 가질 수도 있을 법한 꿈이겠지만, 그는 단지 여기서 끝나지 않고 행동으로 나타냄으로써 그의 무모함이랄까, 아무튼 대단함을 보였습니다.

당시 증권 회사에 근무하고 있던 아직 약관 23살이었던 다까노리씨는 '요시나가를 행복하게 해주기 위해 나는 태어났다'고 확신한 후, 그녀에게 청혼하기 위해 시즈오까에서 가장 좋은 녹차를 구입하여 친구와 함께, 그 당시 요시나가 사유리가 살고 있던 시부야(澁谷)의 니시하라(西原)라는 곳까지 찾아갔습니다.

다시 말하지만 그는 그때 한 번도 그녀와 실제로 만난 적도 얘기를 해본 적도 없었습니다. 단순한 요시나가 사유리의 열성 팬의 한 사람에 지나지 않았습니다. 내가 '요시나가 열성 팬이군요'라고 말하면 '그런 수준 낮은 사람들과 똑같이 보지 마십시오'라며 야단을 칩니다.

결국 그녀를 만나지는 못했습니다. 인연이 없었다고나 할까요? 그 당시 요시나가 집에 강도가 들어 여동생이 피해를 입었으며 그녀는 다른 곳으로 피해 있었다고 합니다.

그 사이 다까노리씨의 아버지가 병환으로 눕게되어 고향으로 돌아가 간병을 하며 목수일을 시작했는데, 생활이 고달파 더 이상 요시나가 사유리를 만날 수 없는 형편이 되고….

그렇게 목수가 되고 5년 후, 일 때문에 알게 된 히로미씨와 결혼해서 행복하게 살고 있는 데, 단지, 다까노리씨는 '지금도 저는 만일 요시나가와 그 당시 만났더라면 분명히 결혼했으리라 확신합니다' 라며 진지한 표정을 짓습니다.

꿈은 클수록 좋다

분명히 암웨이를 시작함에 있어서 꿈은 클수록 좋습니다. 그리고 꿈을 가진 이상 집착도 필요합니다.

지금의 자신으로서는 도저히 달성 불가능한 큰 꿈. 그렇게 큰 꿈이라면 눈앞의 장애는 생각하지 않게 되기 때문입니다.

줄타기를 연습할 때, 발 밑을 보지말고 먼 곳을 보라고 합니다. 이것은 새로운 일을 시작할 때, 하나의 비법이기도 합니다.

'요시나가 사유리와 결혼한다' 이런 황당한 꿈은 없습니다. TV나 영화에서밖에 만난 적이 없고 더군다나 결혼한 상태. 게다가 자신이 연예 스타와 같은 용모인가 하면 그것도 아니고, 아주 평범한 얼굴. 이런 말도 안되는 이야기는 없습니다.

단, 인생을 살아가는 법칙의 하나로 '마음먹은 일에 확신이 설 때는 실천한다' 라는 말이 있습니다.

그렇다면 이 법칙과 요시나가 사유리와 결혼한다는 말과는 어떤 관계가 있을까요?

여기서 한가지 잊어서는 안될 것이 '사람은 정말로 실현 불가능한 것은 꿈을 꾸지 않는다' 는 것입니다.

예를 들면 어느 큰 기업에서 어떤 신입 사원이 '내가 이 회사의 사장이 되겠다'고 했다 합시다. 실제 그렇게 생각하는 사람도 있겠지요. 그러나 3일 후에 정년 퇴직을 앞둔 과장은 절대 그런 꿈을 꾸지 않습니다.

신입 사원에게 있어서 그 꿈의 실현은 한없이 멀기는 하지만 가능성이 제로라고 할 수는 없습니다. 그러나 그 과장에게 있어서는 제로라고 할 수 있습니다. 인간은 가능성이 제로인 꿈은 절대 꾸지 않습니다.

그 관점에서 다까노리씨의 요시나가 결혼 프로젝트를 본다면 가능성이 제로는 아니지요.

두 사람 다 건강히 살아서 만날 날이 있을지도 모릅니다. 만나서 사랑이 싹트고… 나 개인적으로는 가능성을 거의 제로로 보지만 '절대 있을 수 없다'고 단정할 수 없는 일입니다.

다시 말해 나는 다까노리씨에게 '그러니 포기하지 말라'는 말을 할 생각은 전혀 없지만 대신 빨리 잊어버리라는 말은 하고 싶습니다.

그러나 그런 집착과 끈기, 외골스러움은 그 사람의 큰 장점이기에 그런 점은 잃지 말았으면 합니다.

그런 성격으로 어쨌든 노력해 왔기에 암웨이에서 현재의 위치에 있다고 해도 과언이 아니겠지요.

정말로 신기한 사람이 아닐 수 없습니다.

주기를 좋아하는 사람은 결국 득을 본다

납득할 수 없는 사람을 남편으로 둔 히로미씨는 대단한 미인입니다.

이 히로미씨 또한 너무 사람이 좋아 남에게 주기를 좋아한다고 앞서 말씀드렸는데, 그 사실에 대한 단적인 에피소드가 있습니다.

암웨이에서 성공한 히로미씨는 면허를 따자 새 차를 샀습니다. 그 때까지 페밀리아(일본 도요다 자동차의 아주 흔한 승용차)였던 것을 세루시오(도요다 자동차의 고급승용차)로 바꿨습니다. 마침 도요다의 마크가 새롭게 바뀌었을 때였습니다. 그런데 차를 바꾸고 1주일도 지나지 않아서 그 세루시오의 엠블럼을 도둑맞았습니다.

막 바뀐 도요다의 마크도 드물었고, 그 당시에 시즈오까 지역에서는 세루시오도 몇 대 없었기 때문에 자동차 매니아였던 사람이 갖고 싶었던 모양입니다.

그러나 새 차에 흠이 나고 마크를 도둑맞았는데도 히로미씨는 오히려 매우 기뻐했다고 합니다. 결코 쇼크로 이상해진 것이 아닙니다.

"어쨌든 암웨이 사업을 하기전에는 생각지도 못 했던 일이잖아요. 우리도 마크를 도둑맞을 만한 차를 탄다고 생각하니 얼마나 좋은지 모르겠어요. 이건 정말 굉장한 일이에요."

원래 좋은 사람이고 암웨이사업을 하면서 수 많은 사람들의 꿈을 지켜 봐 온 그녀는 많은 것들이 눈에 보이기 시작했다면서 이렇게 말합니다.

"전에 연극을 보거나 영화를 보면 이건 좋다 저건 별로다, 또는 마음에 든다 안 든다 정도로 단순히 생각했습니다. 그런데 암웨이를 하면서부터는, 그걸 만든 사람은 어떤 기분으로 영화를 만들었을까, 지금 연극을 하기 전에 출연하는 사람은 얼마나 긴장하고 있을까라는 부분까지 생각하게 되었습니다. 그래서 누군가의 이야기, 즉 예를 들어 미국에서 살고 싶다는 누군가의 이야기를 들으면 함께 기뻐하고 들뜨게 된다는 것입니다"

암웨이는 집짓기와 같다

저에게는 이 두 사람, 특히 남편 다까노리씨는 앞으로도 계속 지켜봐야 할 사람입니다. 그렇게 지독하게 가난했던 과거에서 오늘의 기쁨을 찾았으니 앞으로도 여러 가지 굉장한 일을 해낼 것이라 생각합니다. 그건 결코 엉뚱한 일이 아니라, 오히려 성실히 암웨이를 받아들이는 일일 것이라는 기분이 듭니다. 이러한 사실을 분명히 알 수 있는 다까노리씨의 말로 끝을 맺고자 합니다.

"암웨이는 집짓기와 같다고 생각합니다. 확실한 계획을 세워 마음속에 있는 이미지를 설계도로 만들고 그것을 기초로 착공해서 기초가 다져지면, 토대를 깔고 기둥을 세우고 다듬어 가는 것입니다. 목수가 서둘러 집을 지으면, 즉 빨리 하려고 부실 공사를 하게되면 튼튼한 집은 기대할 수 없습니다. 암웨이도 이와 같습니다. 일정한 시간을 분명히 필요로 할 뿐 아니라 스스로 얼마나 잘 이해하고 있는가 하는 것을 중요시합니다. 단지 결과만을 목표로 한다면 결코 안정되게 일할 수 없겠지요?

꿈과 목표라는 것을 우리는 쉽게 잊어버립니다. 하지만 제가 암웨이를 하고 있는 한, 진정 풍요롭고 보람있는 인생을 보낼 수 있으리라는 생각이 듭니다"

좋은 상담자를 만나고, 좋은 상담자가 되라

마지막으로 전형적인 대표 IBO를 한 쌍 더 소개합니다. 바로 크라운DD를 달성하고 가장 높은 핀레벨인 크라운 앰배서더 DD 정상에 오르는 것도 시간문제라는 오오사까(大阪)의 카지하라 히데카즈(樫原英一) — 유끼 부부입니다.

남편인 히데카즈씨는 원래 서퍼로 서핑숍을 경영하고 있었고 부인 유끼씨는 모델로 매우 화려한 미인입니다. 아무리 많은 사람들 틈에서도 금방 알아볼 수 있을 정도의 '미모'를 지니고 있습니다. 그러나 그런 외모와는 달리 두 사람은 인생을 매우 성실하게 살아가고 있습니다. 이들은 요즘 시대에 보기 드문 성실하고 겸손한 사람들입니다. 정말로 싫은 점이 하나도 없는 사람들이라고 해도 과언이 아닙니다.

그런 사람이 정말 있을까 하고 믿지 못하는 사람들에게 실체를 보여주고 싶을 만큼 멋진 사람입니다. 그 증거로 이 두 사람이 암웨이를 시작한 지 9년이 되었지만 나는 이 두 사람에 대한 나쁜 이야기를 한번도 들은 적이 없습니다. 보통 본인의 의사와는 관계없이 그 사람을 미워해서 나쁘게 말하는 사람들이 있기 마련인데, 이 두 사람에 대해서는 아직까지 그런 말을 하는 사람이 없습니다.

암웨이에는 '좋은 상담자를 만나고, 좋은 상담자가 되라'는 말이 있습니다.

이 상담자라는 것은 '신뢰할 수 있는 좋은 상담 상대'라는 의미입니다. 실제 이 비즈니스는 사람에서 사람으로 전달되는 사업으로 인간관계가 가장 중요시되고 있습니다.

이것은 암웨이에서만 통용되는 말은 아닙니다.

좋은 상담자를 만나면 그만큼 성공이 빠르다고 할 수 있습니다.

길이 두 갈래 있을 때 한꺼번에 두 가지 길을 갈 수는 없습니다. 그러나 한 가지 길을 택했을 때, 다른 한쪽 길을 가 본 사람에게 '어땠는지 이야기해 주십시오'라고 물어 볼 수는 있습니다. 그렇게 함으로써 한쪽 길을 가면서 두 가지 길을 경험한 것과 같은 정보와 지식을 얻을 수 있습니다.

또, 두 개의 길 가운데 어느 한 쪽이 나쁜 길이라면 어느 쪽이 바른 길인지 가르쳐 주는 사람이 있을 때 도움이 될 것입니다. 그런 사람이 없다면 길을 개척하기는 커녕 점점 복잡해져 버릴지도 모릅니다.

그때 가르쳐 주는 사람이, 정확하고 올바른 정보와 함께 자신의 체험을 이야기해 주고 거기서 얻은 교훈까지 가르쳐 준다면 정말로 고맙겠지요. 언제나 그런 훌륭한 상담자로서의 역할을 해 온 사람이 바로 이 부부입니다.

애정과 신뢰와 감사의 가정

두 사람에게 암웨이의 가능성을 전해 준 사람은 1장에서 소개한 하마모또(濱本) 부부입니다. 그 이후 항상 적극적이며 우등생이었던 이 두 사람에 대해서는, 비즈니스 방식도 참고가 되었으면 하지만 무엇보다 풍부한 인간성을 이해했으면 하는 것이 나의 바람입니다. 그것은 이 두 사람의 자녀 양육 방식에서 잘 나타나 있습니다. 자신들이 암웨이를 전달해 준 사람에게 항상 좋은 상담자임과 동시에, 자신들의 자녀에게도 훌륭한 상담자임을 알게 해 주는 이야기를 몇 가지 소개 하겠습니다.

두 사람에게는 아이(愛)라고 하는 외동딸이 있는데, 너무나 사랑스러운 그 아이(愛)가 어렸을 때의 일입니다.

어린아이들은 가끔 신경질을 내거나 보채기도 합니다. 아이(愛)가 그럴 때면 유끼씨는 일반적인 엄마들과는 달리 신문지를 잔뜩 가져와 '자, 아이(愛)야. 엄마와 같이 찢어 버리자' 라며 그 신문지를 찢기 시작합니다.

그리고 아이(愛)가 마음껏 신문지를 찢고 있을 때 이번에는 바로 오르골(태엽을 이용하여 간단한 음악이 연주되도록 만든 상자나 장난감)을 틉니다. '어머나, 아이(愛)야. 쓰레기차가 왔나 보다. 자, 엄마랑 이걸 모아서 쓰레기통에 버리자' 라고 하면 아이(愛)는 기분 좋게 깨끗이 정리하고, 그것으로 짜증이 멎었다고 합니다.

두 사람은 아이(愛)를 기독교 사립학교에 보냈습니다. '예절교육도 잘 시켜야겠다' 고 생각한 유끼씨는 프랑스 요리와 일식

등 각 나라의 식사 예절을 가르쳤는데, 그 방식이 아주 특이했습니다.

그 당시 남편 히데카즈씨는 서핑숍 경영이 바쁜 터라 둘이서만 식사하는 경우가 많았는데, 예를 들어 '오늘은 프랑스요리'라고 정해 놓고, 유끼씨는 된장국을 스프접시에 담고 구운 생선을 메인 접시에 담아서 칼과 포크로 '이렇게 먹는 거란다'라고 실습을 해 보였습니다.

또 어떤 날은 '오늘은 손으로 밥을 먹습니다'라고 하며 접시에 반찬을 담습니다. 대부분 손으로 밥을 먹는다면 가정교육이 나쁜 집이라고 하겠지만 이 집은 조금 다릅니다. 유끼씨는 지구본을 가져와 '이쪽 나라 사람들은 손으로 밥을 먹어요. 이 나라에서는 손으로 밥을 먹는 것을 대단히 신성시한단다. 그러니 오늘은 그 나라 사람이 되어서 손으로 밥을 먹어요'라는 설명을 아이(愛)에게 해줍니다. 물론 그 나라의 음식은 만들 수 없으므로 그냥 일상적인 식사 메뉴이긴 하지만… 매우 뜻있는 예절 교육 방식이라 생각되지 않습니까?

보통 '손으로 먹으면 안돼'라며 때리는 엄마들도 많겠지요. 그러나 유끼씨는 아이(愛)에게 '오늘은 일식이니까 젓가락' 혹은 '오늘은 어느 어느 나라 사람처럼 손으로' 실습을 시킵니다. 아이는 이와 동시에 그런 방식으로 먹는 나라를 머리에 그리며 지구에는 여러 가지 문화와 풍습이 있다는 것을 배우며 자라는 것입니다.

아빠인 히데카즈씨는 음식의 소중함을 가르쳤습니다. 아이(愛)가 밥을 남기려 하면 히데카즈씨는 'We are the world'를 불렀다고 합니다.

히데카즈씨는 TV를 볼 때에 아프리카나 아시아 등지에서 기아로 허덕이는 불쌍한 사람들이 나오면, 언제나 이 노래를 부르며 '봐라, 이 사람들은 이렇게 굶주리고 있단다'라며 여러 번 타일러 왔습니다. 그래서 히데카즈씨가 이 노래를 부르면 아이(愛)는 '먹을게요'라며 남기지 않고 맛있게 먹는다고 합니다. 감사하다는 것을 이렇게 배운 것입니다.

또한 히데카즈씨는 신뢰의 모습도 가르쳤습니다. 어떻게 가르쳤는가 하면, 우선 어린 아이(愛)를 주방의 테이블 위에 올립니다. 그리고 그 바로 밑에 히데카즈씨가 손을 벌리고, '자, 이리 와봐. 뛰어내려 보렴. 아빠가 받아 줄게'라고 합니다.

어린아이에게 식사용 테이블은 그냥 보기만 해도 높은데, 게다가 그 위에 올라서서 밑을 내려다보면 높이는 2배로 느껴질 겁니다. 하지만 아빠가 받아 준다고 하니 아이(愛)는 과감하게 뛰어내립니다. 당연히 히데카즈씨가 받아 줍니다. 그리고 이번에는 조금 더 먼 곳에서 뛰어내리라고 합니다. 아이(愛)는 아빠가 받아 줄 것이라는 사실을 알고 있으므로 안심하고 훌쩍 뛰어내립니다. 그렇게 아이(愛)는 아빠에 대한 신뢰를 배웠습니다.

비즈니스에서 배운 '엄마의 자각'

물론 유끼씨가 아이(愛)를 야단치는 경우도 있습니다. 단, 야단을 치지만 야단맞은 채로 재우는 일은 없었다고 합니다. 반드시 엄마가 왜 야단쳤는지에 대한 얘기를 해서 이해시킨 후 재웠다고 합니다. 그리고 욕구불만일 때는 차를 타고 드라이브를 하면서, 아이(愛)와 함께 큰소리로 노래를 부르기도 했다고 합니다.

이렇게 자란 딸이고 보니 유난히 순수하고 애정이 많음은 두 말 할 필요가 없습니다.

히데카즈씨 집에서는 가족의 생일날 선물 대신 편지를 써서 보내는 습관이 있는데 '크라운 DD 달성'이라는 기쁜 소식이 겹친 히데카즈씨의 생일에 아이(愛)가 이런 편지를 보냈다고 합니다.

"작년 아빠 생일에는 트리플 다이아몬드가 왔었죠. 올해는 크라운, 정말로 축하해요. 저는 이런 부모님 밑에 태어나서 자란 것을 정말 기쁘게 생각합니다"

젊을 때 부모님을 여읜 탓으로, 가족의 사랑이 부족했던 유끼씨는, 모델 생활을 할 때부터, 빨리 따뜻한 가정을 꾸리고 싶다는 생각을 했습니다.

고생을 하며 외로움과 괴로움이 어떤 건지 알고 있었던 만큼, 그리고 자신이 따뜻한 애정을 그리워했던 만큼, 남들에게 애정을 쏟아 온 유끼씨는 아내로서, 엄마로서, 또한 한 여성으로서 너무나 훌륭하다는 생각이 듭니다.

"외동딸이기도 하고 제가 못 받았던 만큼의 애정을 더 쏟으며 키웠습니다. 암웨이 사업을 하면서 오히려 엄마로서 배울 점이 많았습니다. 그 중에 인간을 한 개인으로서 존중해 가는 삶의 방식을 배운 점이 가장 컸다고 생각합니다.

저희가 암웨이를 전해 준 어떤 IBO는 '아이를 키우는 것과 꼭 같은 일'이라고 말했습니다. 저도 동감입니다. 그 사람은 그 당시에 독신 남성이었지만, 그런데도 그런 말을 할 수 있었다는 것은 그가 얼마나 비즈니스를 소중히 여기며, 사랑하고 있었는 지를 짐작할 수 있습니다.

그리고 이 비즈니스를 하면서 느낀 것은, 무슨 일이든 도전할 수 있다는 것입니다. 어떤 다른 일이 주어진다 해도 해낼 수 있 다는 자신감이 생겼습니다. 불가능한 이유를 대는 것은 아주 간 단합니다. 그러나 불가능하다는 것은 사고방식이나 관점의 차 이로, 가능하도록 바꿀 수 있습니다. 차근차근 할 수 있는 일부 터 해 나간다면 지금까지 할 수 없었던 일도 가능한 일로 바뀔 거라 생각합니다"

'좋은 것은 좋다'고 말할 수 있는 자존심을 갖는다

할 수 있다, 없다 보다 더 중요한 것은 하고 싶은가, 하고 싶 지 않은가 입니다. 그리고 이 두 사람은 하고 싶은 일을 할 수 있는 일로 바꾸는 힘을 배웠기 때문에 이렇게 말할 수 있었던 것입니다. 지금까지 두 사람의 암웨이 행적을 뒤돌아보며, 히데 카즈씨는 이렇게 말합니다.

"저희는 항상, 한 발 후퇴, 두 발 전진을 거듭해 왔습니다. 미 래를 바라보는 것도 중요하지만, 지나간 일에 대해, 어떻게 그 런 결과가 나왔는가 하는, 원인을 알아보는 것도 중요하다고 생각됩니다. 그리고 그것을 뒤돌아보면서, 두 걸음 전진하면 한 걸음은 확실하게 전진할 것 아니겠어요. 뒤를 보지 않고, 그저 한 걸음 나아가는 것보다 훨씬 낫지 않을까 생각합니다.

그리고 항상 '순수' 하려고 노력해 왔고, 앞으로도 그렇게 할 것입니다. 이것은 맛있는 것은 맛있다고, 좋아하는 것은 좋아한다고 하는 아주 단순한 의미입니다. 이런 간단한 일이 20살이 지나 어른이 되면, 이상한 편견이 생기거나, 뽐내거나, 주위를 의식하게 되어 그렇게 잘 되지 않습니다.

예를 들어 초등 학교 저학년 어린이에게 선생님이 '이 맛있는 음식을 옆 교실에 갖다 주면 기뻐할 거라고 생각하는 사람은 지금 가세요' 라고 말했다면 '네' 하며 분명히 갈 것입니다.

'옆에 있는 교실 아이가 맛있다고 말해 주면 갈게요' 라든지 '옆 반은 조금 전에 먹었으니까 배가 부를지도 몰라요' 라고 생각하지 않을 것입니다.

어떤 사실에 대해 이것 저것 생각하기보다는 우선 갖다 준다는 행위 자체가 중요한 것입니다.

사람은 커 가며, 환경이나 그 이외 접해 온 것들에 의해 자신의 본모습을 잃어버리는 경우가 종종 있습니다. 그래서 저희들은 정말로 순수한 것과 정말로 소중히 해야 할 것이 무엇인가를 항상 정확히 볼 수 있도록 가르치는 것에 노력하고 있습니다"

어떤 일에서든지, 타인의 의견에 휩쓸려 잘못된 선택을 하는 사람이 있습니다. 타인의 의견을 듣는 것도 중요하지만, 최종적인 결단은 자신이 내리는 것으로, 타인의 의견이라는 것은 어디까지나 참고로 받아들여야 합니다. 그럼에도 남의 의견에 휩쓸린 사람은 자기가 들은 사실이 자신의 눈과 귀로도 충분히 알 수 있다는 것을 모르는 사람일 것입니다.

좋으면 좋다고 자신 있게 말할 수 있는 자존심은 모두에게 필요합니다. 언제나 다른 사람에게 맞추기만 하는 사람은 자기 자신에게 자신감이 없을 뿐입니다.

이 두 사람은 이러한 사실을 너무나 잘 알고 있습니다. 그리고 그런 멋진 사람이 암웨이를 만나서, 더욱 발전해 간다는 사실이 남의 일이긴 하지만 나로 하여금 감사한 생각을 들게 합니다.

왜냐하면 세상에는 이 두 사람 외에도 좋은 사람이 얼마든지 있지만, 그냥 좋은 사람으로 끝나 버리는 경우가 대부분이기 때문입니다.

암웨이는 꿈을 가진 사람들의 모임입니다. 그리고 이 장에서 소개한 사람들은 특히 다른 사람들의 많은 꿈을 함께 이루어 온 사람들입니다. 나는 이 사람들의 이야기를 읽은 당신이 암웨이를 알든 모르든 꿈을 가지고, 그것을 이룩해 가는 즐거움과 소중함을 다시 한번 똑똑히 가슴속에 새겨 줄 것을 기대하며, 이 장을 맺고자 합니다.

5장

☆☆☆☆☆

풍요로운 인생을 살자

아직은 '미완성'이 좋다

나는 행복한 남자입니다. 그리고 행운의 남자입니다. 이것은 결코 자만이 아니라, 객관적으로 비슷한 나이의 남자와 비교해 보면 분명 그렇습니다. 용모와 학력은 보통이지만, 충분한 수입과 자유가 있으며, 다양한 교우 관계와 가족의 애정, 그리고 자신의 일에 대한 자부심, 인생에 대한 보람, 그러한 모든 것들을 가지고 있기 때문입니다. 그러나 아직은 만족하지 않습니다.

〈삶의 비법〉이라는 책에서 나를 칭찬하는 부분이 있습니다. 그 책에는 '자신이 오십을 넘어서야 겨우 알게 된 것을, 그는 어떻게 그 나이에 이미 알고 실천하고 있는 것일까? 완벽한 사람이다'는 의미의 글귀가 있습니다. 기쁘기도 하지만 왠지 조금 난처해 집니다. 나로서는 '조금은 더 나쁜 짓도 하고 싶다'라고 생각할 때도 있는데 너무 칭찬을 받다 보면 나쁜 행동은 전혀 할 수 없게 되기 때문입니다.

모름지기 완벽한 사람은 없다고 생각합니다. 인간이란 근본적으로 미완성이라고 하니까요. 그리고 나는 이 '미완성'이라는 것이 인생을 가장 편하고 가장 즐겁게 해주는 말이라고 생각합니다.

'나까지마 가오루가 미완성이다'라고 했을 때, 그것은 결코 불량품이라는 의미가 아닌, 뭔가 자신이 할 수 없는 일이나, 앞으로 하고 싶은 일을 알고 있으며, 또한 그것을 하려고 하는, 또는 자신의 결점을 알고 그것을 고치려 하는 등의 긍정적인 미래, 감동, 호기심 등을 얘기하고자 하는 것입니다. 그러므로

'자신은 미완성이다'라고 말할 수 있음으로써, 비로소 풍요로운 인생의 첫발을 내딛게 되는 것입니다. 동시에 그것은 앞으로 더 나은 미래를 위하여, 미래의 더 큰 감동을 위하여라는 긍정적인 예감의 시작인 것입니다.

감동은 '물건'보다 '사람'에게 받는다

추억이 많은 인생이란 풍요롭다고 할 수 있습니다. 인간은 추억이 없이는 살아갈 수 없기 때문이죠. 단, 주의해야 할 것은 추억에만 매달려 있으면, 전진할 수 없다는 것입니다. 추억이라는 것은 아주 미묘한 차이로 보물이 될 수도 있고 구속이 될 수도 있는 것입니다. 그러나 추억이 많다는 것은 그만큼 감동을 받은 순간이 많다는 것이어서, 더욱 좋은 것입니다.

내 주위에 있는 암웨이 동료들은 성격적으로 감동파들이 많아, 항상 사소한 일로도 큰 소란을 피웁니다. 물론 나도 마찬가지입니다. 무슨 일에나 '정말이야?', '와, 굉장하군' 하고 감탄사를 연발합니다. 그러나 예를 들어, 아무리 멋진 차를 타고 즐거워하고, 초호화 레스토랑에서 식사를 하더라도 마음과 머리 속에 오랫동안 남아 있는 것은 역시 '사람'입니다. 아무리 멋지고 훌륭한 것이 나를 놀라게 하고 감동시켜도 '사람'이 준 감동이 훨씬 더 강렬한 것입니다.

예를 들어 이집트를 여행할 때 피라미드나 룩솔신전 등 훌륭한 건축물을 보고 함성을 질러도 그것은 그것으로 그만입니다.

그보다 내가 감동을 받는 것은 그런 것을 만든 그 시대의 왕(王)입니다.

내가 그러한 것을 새삼스럽게 느낀 것은 94년 초, 암웨이의 초대로 이탈리아 크루즈 여행이 한창일 때였습니다.

그 이탈리아 크루즈에는 '일본 암웨이에서 더블 다이아몬드 DD 급 이상인 사람'이라는 조건이 붙어 있어서 그 조건을 갖춘, 나를 포함한 16쌍이 참가했습니다. 그 전년도에는 모나코나 칸느, 니스 등의 휴양지를 돌아다녔지만, 그때는 프리엔터프라이즈 5세호라는 암웨이 소유의 배를 타고, 카프리섬이나 이스키아섬, 소렌토 등 이탈리아를 중심으로 다녔습니다.

이 배 또한 어마어마한 배로 37억엔 정도의 돈을 들여서 만들었다고 하는, 성처럼 큰 배입니다. 제가 오오사카에 머물 때, 항상 이용하는 힐튼 호텔이 있는데, 그 호텔에서 가장 비싼 방이 1박에 30만엔입니다. 그 방의 거실이 얼마나 큰지, 관서 지방의 다이아몬드 DD가 전원 집합해도 다 들어갈 수 있을 것 같은 넓이였는데, 그 배는 그 거실 보다도 더 큰 선실로 가득차 있는 배였습니다. 그 배에는 또한 저녁 만찬을 할 수 있는 홀이 있으며, 옥상에는 풀장까지 있었습니다. 그 배로 여행 하는 동안, 어느 항구에 닿아도 그 배가 가장 호화롭고, 훌륭했습니다. 항구에 들어갈 때마다 그 지방 사람들이 몰려와 사진을 찍어 댈 정도였으니까요.

그런데 그 여행 중에, 암웨이의 배가 꼭 한 번 뒤진 적이 있었습니다. 카프리섬에 도착했을 때의 일입니다. 항구에 매우 호화로운 크루즈 한 척이 정박해 있었습니다. 이 배에는 도대체 누가 타고 있을까? 모두들 궁금해서 가까이 가 보았지만 배가 아무리 굉장해도 그것은 역시 '물건'이기 때문에, 결론적으로 그 배에 어떤 '사람'이 타고 있을까 하는 쪽에 더 흥미가 있었습니다.

그렇게 한참을 배 주인이 나오기를 기다리고 있었는데, 아주 멋진 여자 한 명이 배에서 내렸습니다. 의상도 화려하고 눈부시게 큰 보석이 박힌 목걸이를 하고 있었습니다. 그리고 뒤이어 내린 배의 주인 같은 사람 역시 멋진 사람이었는데, 도대체 이 사람들은 누군가 하고 나중에 알아보니, 다름 아닌 알바니아 왕과 왕비였습니다.

암웨이만의 기적

또 한번 이 여행 중에 매우 놀랐던 적이 있었습니다. 그날은 모두 함께 이곳 저곳 관광과 쇼핑을 하는 날이었습니다. 그리고 밤에는 초호화 레스토랑에서 정장 차림으로 저녁 만찬을 하자는 계획을 세워 두었습니다. 그런데 뭐든지 욕심이 많은 사람들이라 그런지, 물건을 사고 또 사고, 이윽고, 모두 지쳐 버리기에 이르렀습니다. 이것은 자국(自國)이 아니라 해외 여행 중인 탓도 있었습니다. 왜냐하면, 일본 엔을 이탈리아의 리라로 환전했을 때, 환율로 인해 단위가 높아지기 때문입니다. 예를 들면 70만엔 정도의 쇼핑을 했을 때, 그것을 리라로 바꾸면 약 1000만 리라 정도가 되었으므로 자꾸 사들였던 것입니다.

당초에 쇼핑이 끝나면 배로 돌아와 옷을 갈아입고 저녁 만찬에 갈 생각이었는데, 시간이 없었던 탓도 있었지만 귀찮기도 해서, 쇼핑 장소에서 적당한 옷을 구입해 갈아입고 가는 것이 빠를 것 같다는 생각에 그렇게 하기로 했습니다.

승무원에게 전화를 걸어 '곧바로 레스토랑으로 가기로 했으니, 옷을 갈아입으러 배에 들르지 않아도 될 것 같습니다' 라고 했더니 전화를 받은 승무원이 깜짝 놀라며 '네? 왜요?' 라고 물었다. '지금 배로 돌아가면 번거로우니, 바로 레스토랑으로 가겠고 설명하자 그 승무원이 '그렇습니까. 그렇다면 양복은 저희 쪽에서 준비하겠으니 사지 마십시오' 라는 것이었습니다. 나는 틀림없이 새 옷을 선물해 주겠지 하고 생각했으나, 우리들이 묵고 있는 방에서 각자의 옷을 가져온다는 것이었습니다.

그 소리를 듣고 모두들 큰 소동이 벌어졌습니다. 방에 들어가면 엉망진창으로 어질러진 방을 보여주게 되었으니, 더 깨끗하게 해 두고 왔더라면 좋았을 걸 하는 사람, 가져온다고 하니 기다리자고 하는 사람, 코디네이트 해 두지 않았기 때문에 어울리지 않을 것이라고 하는 사람 등 가지각색 이었습니다. 하지만, 결론적으로는 '기쁨반 걱정반' 이었습니다.

레스토랑에서 승무원과 만날 약속을 했기에 어쨌든, 우리들은 전원 기대와 불안을 가슴에 안고, 그 레스토랑으로 갔습니다. 잠시 후 승무원은 옷을 가지고 왔습니다. 그런데 모두들 함성을 질렀습니다.

왜냐하면 전원 한 사람도 빠짐없이 '이걸 입고 가야지' 하고 정해 두었던 옷을 가져왔기 때문입니다.

저의 경우는 각각 따로 따로 준비해 두었던 바지와 재킷, 와이셔츠, 벨트, 구두 등이 내 머리 속에 들어 있었던 것처럼 완벽했으며, 다른 사람들도 모두 대 만족이었습니다.

그런데 어떻게 우리들이 입으려고 했던 옷을 알았을까요. 모두가 한곳에 내놓았던 것도 아니고 또 아직 한 번도 입지 않았던 옷도 많았는데… 그리고 우리들의 옷은 거의 다 파티용이었기 때문에 구별이 되지 않았을 터인데. 짐작컨대, 매일 매일 우리들의 복장을 보고 그 취향을 파악하고 있었다고나 할까요. 그렇다고 해도 정말 믿어지지 않았습니다. 그리고 일부러 1시간 이상을 투자해 배에서 보트를 타고 레스토랑까지 가져왔다는 사실 자체가 믿어지지 않았습니다. 보통 그렇게까지는 해주지 않겠지요. 정말이지 그 프로 정신에 모두들 크게 감격했습니다.

나중에 알게 된 사실이었지만 우리가 식사를 한 '산 피에토르'라고 하는 레스토랑은 '포피즈'誌가 선정한 세계 최고의 레스토랑 이었습니다. 우리는 그 승무원 덕분에 그 최고의 장소에서 누구에게도 뒤지지 않는 멋진 복장을 입고 즐거운 한 때를 뜻있게 보낼 수 있었습니다.

배려가 넘치는 회사

나의 지나친 생각인지 몰라도 이것은 역시 암웨이 정신일 것이라는 생각이 듭니다. 항상 느끼는 것이지만, 이 회사는 사람을 매우 소중하게 여긴다는 사실입니다. 사람에 대한 배려가 넘치는 곳이지요.

왜냐하면, 원래 암웨이라는 회사는 사람을 위해, 즉 당신을 위해 만들어졌기 때문입니다.

'암웨이는 당신을 성공시키기 위해 존재합니다' 라고 말했을 때, 아마 80%는 '뭐라구요?' 라며 이상하게 생각하겠지요.

당신을 성공시키기 위해 존재한다는 그 말만으로도 두드러기를 일으키고 말 것입니다. 즉 기분이 나쁘다는 것입니다. 그러나 그 기분은 잘 이해할 수 있습니다. 만약 나였더라도 암웨이를 알기 전에 갑자기 누군가에게 그런 얘기를 들었다면 '너, 머리가 좀 이상해진 것 아니야' 고 말했을 것입니다. 그러나 그것은 사실입니다.

암웨이는 첫째, 당신의 성공을 위해, 당신의 꿈을 실현시키기 위해 만들어진 회사입니다.

그리고 두 번째는, 말주변이 없어 다른 사람에게 말을 거는 것이 두려운 사람, 그런 사람들을 위해 만들었습니다. '그 영화 참 재밌더라 꼭 봐!' '저 집 케이크, 정말 맛있어. 언제 한번 사 먹어 봐!' 라고 하듯, 자신있게 말할 수 있도록 고품질의 제품을 만들었습니다. 그래도 싫다고 하는 사람들에게는 100% 환불을 해 드립니다.

세 번째로, 가장 먼저 이 일을 시작한 사람만 돈을 버는 것이 아니라, 누구에게나 공평한 구조로 만들었습니다. 그러므로 정말 당신을 위해 최고의 것을 만들었다고 할 수 있습니다.

그럼, 당신은 암웨이를 할 생각이 있습니까? 하고 물었을 때, 당신이 하지 않겠다고 하면 아무일 없이 끝이 납니다. 당신이 하지 않는다고 해서 암웨이가 곤란할 것은 아무것도 없기 때문입니다. 왜냐하면 암웨이는 당신을 위해 만들었기 때문에, 당신이 싫다고 하면 더 이상 강요하지 않습니다. 이것은 다른 회사와는 뚜렷하게 구분이 되는 부분입니다.

그럼 다른 회사는 어떤가 살펴봅시다. 그것은 단순하기 그지없습니다. 먼저 매상을 올리고 싶다. 그러기 위해서는 상품을 팔지 않으면 안된다. 그러므로 당신이 필요하다. 그러니 열심히 일하라. 즉 상품의 매상을 올리기 위해 당신이 필요한 것입니다. 책임량, 할당량만큼 팔지 않으면 않되는, 그야말로 사람은 뒷전인 것입니다.

원래 암웨이는 친구나 친지 등의 인간관계를 바탕으로 이루어진 회사이므로 사람이 없이는 할 수 없는 비즈니스입니다. 사람이 사람을 대상으로 하며, 또한 그러한 일을 할 때에는, 비즈니스뿐만 아니라 꿈과 친절, 배려와 감동을 전달하는 것입니다.

풍요롭게 사는 방법을 배웠다

나는 이 비즈니스를 하면서 얻은 것을 'time rich, friend rich, money rich' 라고 표현합니다. 많은 시간과 자유, 많은 친구와 충분한 수입, 그리고 그런 것 이외에도 '풍요로운 삶을 살고 있구나' 하는 생각을 해 봅니다.

많은 수입을 얻으면 사회로 환원해야 한다는 것을 느낀 것도 암웨이를 하고 있었기 때문입니다. 그래서, 그것을 먼저 맹도견

협회에 기부함으로써, 비로소 암웨이 정신을 깨달은 것입니다. 그것은 나의 자그마한 감사의 표시에 불과합니다. 그래서 깨달은 것이, 사람이나 물건이나 마찬가지로, 그것을 신뢰하고 감사하는 마음을 가지면, 언젠가는 자신에게 되돌아와 이익을 주거나 자신을 풍요롭게 만들어 준다고 하는 법칙이 인간세계를 지배하고 있다는 사실입니다.

나는 헤켈 스포츠라고 하는 회사를 운영하고 있는데, 테니스 선수 한 명을 후원하고 있습니다.

모리 토시쯔구라는 매우 유망한 젊은 선수입니다. 전에는 프린스 호텔에 소속되어 있었으나, 우연한 기회에 헤켈 스포츠로 이적하게 되었습니다. 훤칠한 키에 잘생긴 외모는 모델을 해도 손색이 없을 정도로 멋진 청년입니다. 실력은 한창 신장세이며, 얼마 전에는 전국 실내 선수권 대회에서 당당히 우승을 했습니다.

이 선수권 대회에 출전할 때, 나는 모리군에게 이렇게 말했습니다.

"너는 우승할 수 있어, 단 한 가지 조건이 있다. 시합 중에 심판이 잘못된 판정을 내리거나, 자신이 칠 수 없는 공이 날아올 때도 있겠지만 결코 그것에 화를 내거나 동요되지 말 것. 일어나는 모든 일에 감사해라. 그러면 꼭 우승할 테니…"

나도 테니스를 좋아하기 때문에, 휴일에는 친구들과 함께 시합을 하곤 합니다. 그렇다고 해서, 프로에게 충고를 한다는 것은 좀 지나치다고 생각하는 분들도 있을 수 있습니다. 그러나 조금만 깊이 생각해 보면, 내가 한 말이 테니스의 기술을 운운

한 것이 아니라, '긴장하지 말고 잘해' 라고 말한 것과 별 차이가 없다는 것을 알게 될 것입니다.

드디어 선수권이 시작되었고, 결과는 어떻게 되었겠습니까. 그는 모든 선수를 물리쳤으며, 자신이 칠 수 없는 공이 날아와도 평소 때와 다름없이 별 동요를 보이지 않았습니다. 또한 심판의 오심도 있었지만, 오히려 그는 빙그레 웃으며 괜찮다는 표정을 지었습니다. 그는 결국 우승을 차지했습니다.

전년도 랭킹이 17위였으므로 이 우승이야말로 굉장한 진보가 아닐 수 없습니다. 그는 다음 세대를 짊어지고 나갈 유망한 선수로 두각을 나타내고 있습니다.

그럼, 그의 우승원인은 과연 무엇일까요?

아마도 저의 충고가 약간의 효과를 발휘했을지도 모르겠으만, 그보다도 그가 신뢰와 감사의 마음으로 경기를 했다는 것입니다. 그는 내가 한 말을 신뢰했던 것입니다.

그러나 그보다 더욱 중요한 것은, 자기 자신을 신뢰했다는 사실입니다. 칠 수 없는 공이 오더라도 동요하지 않았던 것은 자신을 믿었기 때문입니다.

아무리 테니스의 강호일지라도 칠 수 없는 공이 오면, 실수하기 마련입니다. 그러나 그런 것에 동요해 버리면 아무것도 할 수 없습니다.

그리고 심판도 가끔은 오심을 범할 수 있으며, 오심이 아니더라도 선수가 자신에게 불리하다고 느끼는 판정은 있을 수 있습니다. 그렇다고 해서 그때마다 흥분하면 자신의 기량을 충분히 발휘할 수 없겠지요.

힘을 주는 역할

흔히 '스포츠는 자신과의 싸움이다'고 합니다. 이런 심리적인 압박을 잘 감당해 내는 선수가 앞으로 훌륭하게 발전할 가능성이 많습니다. 모리선수는 내 말을 신뢰했으며, 또한 자신을 신뢰하고 심판의 실수마저도 수긍하는 마음을 가짐으로써, 자신이 가진 능력을 최대한 발휘할 수 있었습니다. 그 결과 우승까지 하게 된 것입니다.

앞서 암웨이에서 성공하기 위해서는 '좋은 멤버가 필요하다'고 했습니다. 모리군에게 있어서, 나는 그런 역할을 다한 셈입니다. 그러나 이것은 나의 말을 그대로 자신의 마음속에 받아들인 그가 훌륭한 것이지, 내가 훌륭한 것이 아닙니다. 나는 단순히 힘을 주는 역할을 했을 뿐이며, 멤버란 원래 그런 관계인 것입니다.

천재 피아니스트는 7, 8세에 어려운 곡을 자유자재로 연주해 냄으로써 '신동'이라 불리게 됩니다. 그러나 역시 그들에게도 선생님은 필요하며 '그것은 이렇게 하는 게 좋지 않겠니?' 등의 지도를 받음으로써 더욱 더 발전하는 것입니다.

그런 영재의 선생으로는 역시 세계적으로 이름이 있는 사람을 맞이해야만 할까요? 반드시 그렇지는 않습니다. 피아노를 치는 능력이 대단한 영재라 하더라도 잘 칠 수 있도록, 지도하는 능력은 그것과는 별개의 것입니다. 그러므로 선생이 피아노를 치는 능력이 떨어진다 하더라도 사람을 인도하는 능력은 가지고 있다는 것입니다.

오래 전에 골프의 A.파마가 심한 슬럼프에 빠졌을 때 자신을 숭배자처럼 여겼던, 골프에 대해서는 잘 모르는 친구로부터 골프 치는 자세가 흐트러졌음을 지적 받아 다시 일어설 수 있게 되었다는 이야기가 있습니다. 항상 파마의 자세를 흉내내고 있었던 친구가 중얼거린 한 마디에서, 그는 자신의 자세에서 어디가 이상한지 금방 알아낼 수 있었던 것입니다.

　　진정한 프로란 비록 아마추어든, 전혀 경험이 없는 사람이든, 그 사람의 말이 자신에게 유익한 것인지, 그렇지 않은 것인지를 구분할 수 있는 능력을 갖고 있어야 합니다. 또한 '이것은 나에게 유익하다' 라고 생각되는 것은, 곧바로 받아 들여야 합니다. 그것이 프로로서 갖추어야 할 중요한 자질 중의 하나입니다. 그리고 이 자질은 좀더 배우려는 열성적인 자세에서 생기는 것입니다. 그것은 '좀더 잘하고 싶다' 는 욕심이라 해도 좋겠습니다. 동시에 거기에는 프로로서의 자존심도 있습니다. 그 자존심이란 '아마추어에게 충고를 받다니…' 하는 등의 수준 낮은 것이 아니라, 오로지 '강해지고 싶다. 잘하고 싶다' 라는 자세입니다.

항상 설레는 마음으로 있고 싶다

　　무엇보다 모리선수의 이번 우승은 나에게도 커다란 꿈과 희망, 그리고 설레임을 안겨 주었습니다. 왜냐하면 모리선수의 끊임없는 노력으로 순위가 올라가면, 매스컴에서도 관심을 가질 테니까요.

그가 우승한 직후에 서둘러 그의 전용 유니폼을 만들고, 그것이 전국적으로 호응을 얻게 되고..., 그뿐만 아니라 윔블던에 나가게 되면 내 회사도 순식간에 '세계의 주목'을 받게 되는 것입니다. 그렇게 된다면, 시합 전날 밤. 본인보다 오히려, 내가 흥분하여 잠을 이룰 수가 없을 것만 같습니다.

이렇게 잠깐 여러 가지 상상(망상에 가깝지만)만 해도 가슴이 두근두근 거립니다. 이런 설레는 마음을 나는 매우 좋아합니다. 그리고 최근에는 타인에 의해 가슴이 설레었던 적이 있습니다. 그것은 바로, 홍콩에서 내가 암웨이를 전한 리리안이라는 여성 때문이었습니다.

그 일을 이야기하기 전에 리리안씨와의 만남과 그녀에 대해 잠깐 소개하고자 합니다.

다른 일은 무엇입니까

리리안씨와의 만남은 홍콩에서 처음으로 크라운 앰배서더 DD가 탄생한 기념 랠리에 초청 연사로 초대된 나에게 통역을 해준 사람이 바로 리리안씨였습니다. 그 경위는 3장에서 소개한 양선생과 마찬가지입니다.

나는 그때 리리안씨에게 '무슨 일을 하고 있습니까?' 라고 물었는데 '저는 통역입니다' 라고 대답하더군요. 나는 '통역 일을 하고 있다는 사실은 알고 있었지만 그 외의 다른 일은 하고 있지 않은지' 라는 뜻으로 물었던 것입니다.

왜냐하면 나는 그녀가 평소에 다른 일을 하고 있으면서 어떤 특별한 일이 있을 때만 통역을 하는 것이라 생각했기 때문입니다.

　　통역 이외의 일을 물어 볼 생각이었는데 통역이라고 하기에 '통역만 합니까' 하고 다시 물었는데 '통역인데요' 하며 그녀는 그녀대로 이 사람이 뭘 묻고 있느냐는 표정을 지을 뿐, 전혀 말이 통하지 않았습니다.

　　하지만 그 때 나는 이 사람은 통역만 하고 있기엔 너무 아깝다는 생각이 들어, 그때 암웨이를 전했던 것입니다.

　　그녀는 전부터 암웨이를 알고 있었고, 내가 상품의 데몬스트레이션을 보여주자, 그 품질의 우수성에 매우 놀랐으며, 곧바로 멤버가 되었습니다.

　　그러나 나중에 알게 된 것이지만, 그녀는 역시 통역뿐만 아니라 평소에는 본가의 가업인 무역업을 도와주고 있었던 것입니다. 게다가 집도 유복할 뿐 아니라 통역을 해서 얻는 수입이 지금의 루비 DD에서 얻는 수입보다 많다고 하니, 수입이 좋다는 이유로 암웨이를 시작한 것은 아니었던 것입니다.

　　어디까지나 상품이 마음에 들었다는 것과 비즈니스의 가능성에 주목한, 말하자면 선견지명이 있었던 것입니다.

　　이러한 그녀의 선견지명은 매우 정확했던 것 같습니다. 왜냐하면 그녀가 일본어 공부를 하려고 생각했을 당시(약 15년 전)에는 아무도 일본어 공부를 하지 않았었는데, 지금부터 공부를 해 두면 장래에 매우 유익하게 쓰일 것이라고 생각했다는 것입니다. 그 예감이 적중했던 것입니다.

자유롭고 강인하게 비즈니스를 즐긴다

그녀의 사업관이나 일처리방법을 보면 자질구레한 일에는 상관하지 않는, 대범하며, 자유롭고 독창적인 성격이 매우 잘 나타나 있습니다.

예를 들어 그녀는 남에게 암웨이를 가르치고, 그 자리에서 거절당하거나 거부당해도 전혀 신경 쓰지 않습니다. '거절당하는 것도 일의 순서이며 과정이다' 라고 생각하기 때문입니다. 그렇기에 실패했다고 해서 우울해지거나 자신에게 압박을 가하는 경우도 없습니다. 항상 긍정적으로 이 비즈니스를 즐기고 있습니다.

"저는 이 비즈니스로 '내 방식대로 자유로이 살아가겠다' 는 소망을 이루고 싶으며, 아마도 성취할 수 있을 것이라고 생각합니다.

인간은 일을 하지 않으면 안된다고 생각합니다. 뭔가 자신의 일을 가지고, 그것에 열중한다는 것은 매우 소중한 것입니다. 그래서 보람과 만족을 느낄 수 있고, 그 일을 함으로써 즐거움을 느낄 수 있는 것이 가장 중요하다고 생각합니다. 형상의 꿈, 즉 별장을 가지고 싶다든지, 자동차를 갖고 싶다든지, 일등석으로 해외 여행을 하고 싶다는 등의 그러한 꿈이 없지는 않겠지만, 그런 꿈들은 이루어지는 순간, 없어지는 것입니다.

나는 첫째로 '오늘의 꿈과 내일의 꿈은 다르다' 고 생각합니다. 암웨이라면 더욱더 큰 꿈, 그야말로 내가 상상도 할 수 없는 큰 꿈을 꾸게 해 줄 것이라 믿고 있습니다"

얼마나 자유롭고 강인한 정신을 가지고 있는 이야기 입니까.

그녀는 암웨이 비즈니스를 하면서 항상 감탄하는 것이 있다고 합니다. 그것은 국내건 해외건 어느 곳에 가더라도 암웨이 IBO가 있다는 사실입니다.

분명, 비즈니스를 전달할 때는 1:1의 패턴으로 '한 사람' 또는 '개인적'이라는 느낌이 듭니다. 그러나 어딘가에서 IBO를 만나면 그 '한 사람' 뒤에는 많은 사람들이 열심히 일하고 있음을 느낍니다. 그래서 새롭게 암웨이의 존재를 느끼게 되고 마음이 든든해진다고 합니다.

보통 사람이 해외 여행 등으로 낯선 외지에 갔을 때, 그곳 현지인 중에 아는 사람은 거의 없을 것입니다. 그러나 그 나라에 암웨이가 있다면, 비록 처음 가는 곳이라 하더라도, 그 곳에는 비즈니스를 통한 많은 동료들이 있다는 것입니다. 이 얼마나 멋진 일입니까.

남에게 꿈을 줄 수 있는 일

리리안씨는 앞으로도 더욱 발전해 나갈 것입니다.

얼마전 그 리리안씨를 우연히 TV에서 보게 되었습니다. NHK 위성 방송에서 아시아의 영화감독, 배우들이 나오는 프로그램이었는데 일본인 사회자가 홍콩 감독에게 말을 건넬 때마다 그것을 통역하고 있었습니다.

그날 나는 일이 늦게 끝나는 바람에 매우 피곤한 몸으로 돌아와 무심코 TV를 켰는데, 갑자기 화면에 리리안씨의 얼굴이 보였습니다. 너무나 반갑고 기쁜 나머지 혼잣말로 '아! 리리안씨다. 내가 이 사람에게 암웨이의 기회를 주었어'라고 중얼거리며, 이렇게 남에게 꿈을 안겨 줄 수 있는 일을 내가 하고 있다는 것을, 그 TV를 보면서 느꼈습니다. 정말 만족스런 기분에 빠져들 수 있었습니다.

꿈은 여러 개를 가지고 있어도 좋겠지요. 지금까지 단 한 개의 꿈을 갖고 있었지만, 뭔가에 의해 꿈이 3개로 늘어났다든지, 4개로 늘어난다면 그것은 정말 멋진 일이라고 생각합니다. 그런 의미에서 대만의 양선생도, 홍콩의 리리안씨도 지금까지 그녀들 나름대로 꿈을 이루기 위해 충실했을 것이며, 또한 새로운 꿈도 가졌을 것입니다.

나는 이렇게 외국인들에게까지 꿈과 기회를 제공하게 되리라고 그때까지는 생각하지 못했습니다. 이것은 암웨이이기 때문에 가능한 것입니다.

한번 생각 해 보십시오. 국경을 넘고 바다를 건너, 문화와 언어, 인종 등 모든 것을 초월하여 그 한 사람 한 사람에게 기회를, 꿈을, 배려를, 감동을 전하고, 그리고 그 많은 사람들의 인생을 더욱 풍요롭게 만들어 줄 수 있으니, 얼마나 감사한 일입니까. 가능성의 집합체, 그것이 바로 암웨이인 것입니다.

이러한 세계가 있기에, 아무런 주저 없이 '꿈을 이룬다'라고 잘라 말할 수 있는 것입니다.

꿈은 이루는 것, 이룰 수 있는 것이기에, 마음대로 이룰 수 있고, 또한 마음껏 새로운 꿈을 가지면 될 것이라고 생각합니다.

꿈을 꾸는 것도 능력이다

마지막으로, 나의 꿈을 이야기해 보겠습니다.

나의 꿈은 뉴욕의 라디오시티홀(그래미상 수상 식장)에서 랠리를 개최하는 것입니다. 그때는 전원이 턱시도와 드레스 차림으로, 그래미상 수상식과 똑같은 무대로 만들어, 그래미 수상식의 재현과도 같은 행사를 거행하고 싶습니다. 그 날은 뉴욕은 물론, 세계 각국으로부터 IBO들이 축하 하기위해 달려올 것이 틀림없습니다.

오후 3시부터 행사를 시작해, 밤이 되면 맨하탄의 멋진 야경이 보이는 곳으로 장소를 옮겨 파티를 여는 것입니다. 정말 상상만 해도 즐겁습니다.

이런 일들을 언제 어떻게 마음먹게 되었는가를 얘기 하자면, 바로 얼마전 샌디에고의 델코로나도 호텔에 머물렀을 때였습니다. 이곳은 마릴린 몬로의 영화 '뜨거운 것이 좋아' 의 로케 현장이기도 한 곳입니다. 여기서 저의 생일 파티를 열었는데, 그때 모인 모든 분들이 멋진 정장 차림으로 즐겁게 대화를 나누고 떠들며 웃고… 정말 너무나 즐거웠기에 다시 한번 외국에서 이런 기회를 갖고 싶은 생각이 들었습니다.

'아! 그래. 내가 더블 크라운 앰배서더 DD자격으로 라디오시티홀에서 이런 파티를 열면 되겠구나' 하고 생각했던 것입니다.

나는 원래 작곡가였었는데, 그때의 꿈이 빌보드차트에서 1위를 차지하는 곡을 만든다든지, 그래미상에서 최우수 작곡상을 받는다든지 하는 것이었습니다. 그러나 암웨이의 세계에 들어

와 버렸기에, 그래미상이 아닌 다른 방면으로, 라디오시티홀에서 그와 비슷한 어떤 것을 해보고 싶었습니다.

이제 나는 결단을 내렸기에 꼭 실현될 것입니다. 내 머리 속은 라디오시티홀에서 턱시도를 입고 더블 크라운 앰배서더 DD 브론즈像을 가슴에 안고, 아버지, 어머니를 비롯해 감사의 말을 전하고 싶은 사람들의 이름을 읽어 내리고 있는 내 모습을 상상하고 있습니다. 그리고 백뮤직은 이것으로, 홀을 장식할 꽃은 저것으로 등등 상상하기 시작하면 끝이 없습니다.

이런 저런 생각으로 밤에 잠을 이룰 수가 없습니다. 마치 내일 당장 일어날 일처럼 흥분이 됩니다.

그러나 상상력과 가능성은 비례한다는 것이 나의 생각입니다. 그리고 내가 그만한 것을 상상하고 있다는 것은, 이미 가능성이 있다는 것입니다. 다시 말해 '꿈꾸는 것도 능력이다' 라는 말이 잘 어울릴 것 같습니다. 이러한 능력은 누구든지 가지고 있지만 사용하지 않으면 없어져 버리기에, 더욱더 많은 꿈을 갖도록 해야 하겠습니다.

나는 1994년 12월 이틀간에 걸쳐 도쿄(東京)돔에서 개최된 암웨이의 '내셔널 컨벤션' 이라는 이벤트에 초청 연사로 초대되어 이틀 동안 5만 명의 관중 앞에서 연설을 하는 영예를 얻었습니다.

그것만으로도 감격스런 일인데, 더욱 놀란것은 이 이벤트에 본사 사장인 딕 디보스씨가 축하 하객으로 왔으며, 그리고 또 한 사람, 조지 부시 전 대통령도 축하 하객으로 와서 저희들에게 축하메시지를 전해 주었습니다.

나는 이날 '25개 계열의 파운더즈 크라운 앰배서더 DD' 라는 표창을 암웨이로부터 받았습니다. 크리스탈로 만들어진, 그 트로피에는 놀랍게도 부시 전전 대통령의 싸인이 들어 있었습니다. 그리고 그때 두 암웨이의 창업자와 사장, 나, 이렇게 네 사람이 나란히 서 있는 초상화도 받았습니다. 그것을 그린 사람이 미국의 유명한 화가 폴 콜린즈였습니다. 게다가 그것을 본인이 직접 건네 주었기에 더욱 기뻤습니다.

더욱 놀라운 일은, 이틀동안 다이아나 로스의 공연이 펼쳐졌는데, 내가 그녀와 함께 무대에 서 버린 것입니다.

그녀가 마지막 곡을 부르고 있었을 때쯤, 나는 그녀와 기념 촬영이 있을 예정이라며 무대 뒤로 불려가게 되었습니다. 나는 맨 앞줄에 있었으므로 그대로 무대 앞쪽을 지나가고 있었는데, 그것이 실수였습니다. 나는 갑자기 '일단 머리를 숙여' 하는 소리에, 그 자리에서 머리를 숙이고 웅크렸습니다. 그런데 그런 나를 본 그녀가 '왜 그러세요? 괜찮아요?' 라고 하며 무대에서 내려와, 손을 내밀어 내 손을 잡고 무대로 발걸음을 옮겼습니다. 계단을 올라가다, 중간에서 위로와 안도의 포옹을 함께 하는 상황이 벌어지게 되었지요.

나중에 공연이 끝난 뒤 물어 보니, 그녀는 내가 갑자기 몸이 좋지 않아 웅크린 줄 알고, 괜찮은지 걱정이 되어 무대에서 내려왔다고 했습니다. 나의 작은 실수로 이런 멋진 해프닝이 일어난 것입니다. 그 때의 일은 생각만 해도 흥분이 됩니다.

이런 일이 실제로 일어나고 있습니다. 그러므로 내가 '꼭 이루어진다', 아니 '이룰 것이다' 라고 마음먹고 있는 라디오 시티홀에서의 행사는 이제 거의 '결정'된 것이나 다름없는 것입니다. 내가 가슴을 설레는 것도 무리는 아니라고 생각하지 않습니까.

당신은 꿈을 꾸며 설레는 마음으로 인생을 살아가고 있습니까? 훨씬 즐거운 일이 기다리고 있을 것이라 기대하며, 매일 매일 충실하고 느긋한 마음으로 살아가고 있습니까? 그렇게 되기 위해 필요한 것은 사람마다 다르겠지만, 모든 사람들이 자신에게 알맞는 열쇠를 찾아서 멋진 인생의 문을 열 수 있게 되기를 바랍니다.

암웨이는 특별한 능력은 필요치 않습니다. '꿈이 능력'이며 그리고 그것을 아는 사람은, 마침내 '마음이 능력'이라는 것도 알 게 될 것입니다.

맺음말

■

우리는 매일 크고 작은, 수없이 많은 만남 속에서 살아가고 있습니다. 저는 그 많은 책 중에서, 당신이 이 책을 선택한 것도 인연이며, 멋진 만남이라고 생각합니다. 이 멋진 우연이 당신에게 있어서 멋진 필연으로 변해, 그것에 의해 당신의 인생이 더욱 풍요로워진다면 그보다 더 큰 기쁨은 없을 것입니다.

인생이 그렇게 쉽게 바뀔 리가 없다고 생각하는 분이 있다면 저는 여기서 확실하게 말씀드릴 수 있습니다. 인생은 바꿀 수 있습니다. 물론 노력도 필요합니다, 그것이 잘못된 노력이거나 불필요한 노력이 되어서는 안됩니다. 중요한 것은, 항상 진정으로 정말 자신이 원하는 것을 선택하는 것입니다.

인생은 선택의 연속입니다. 우리들은 항상 무언가를 선택하며 살아가고 있습니다. 그 선택 여하에 따라, 자신의 인생이 즐거워 지기도 하고 귀찮아 지기도 하는 것입니다. 귀찮아지는 것은 잘못된 선택을 했기 때문이겠지요. 그러므로 평소에 '이 정도면 됐어'가 아닌 '이것이 좋아'라는 '선택의 습관'을 갖는 것이 중요합니다.

그리고 또 한 가지, '중단하지 않고, 포기하지 않는 것'입니다. 포기하지 않고 계속한다면 반드시 이룰 수 있습니다. 실패를 하는 것도, 성공하기 전에 포기해 버리기 때문입니다. 이것은 내가 암웨이에서 성공한 결과로 얻어진 철학입니다.

우리 인간은 꿈을 꾸며 살도록 만들어져 있습니다. 그 꿈을 현실과 실물로 바꾸기 위해서는 계속해서 그 꿈을 키워 나가야 합니다.

당신의 꿈이 이루어질 것을 기원하면서 매텔링크의 말을 선사해 드립니다. '중요한 것은 계속한다는 것이다. 당신만은 꼭 계속해 주기를 바란다'

인생의 길을 헤매일 때나, 되돌아가고 싶어질 때, 이 말을 생각해 주십시오.

저자